U0022474

世紀人物100

我要光明

海倫・凱勒

野崎郁乃　著

三民書局

獻給孩子們的禮物

主編的話

　　世界上最幸福的孩子，是他們一出生就有機會接近故事書，想想看，那些書中的人物，不論古今中外都來到了眼前，與他們相識，不僅分享了各個人物生活中的點滴，孩子們的想像力也隨著書中的故事情節飛翔。

　　不論世界如何演變，科技如何發達，孩子一世幸福的起源，仍然來自於父母的影響，如果每一個孩子都能從小在父母親的懷抱中，傾聽故事，共享閱讀之樂，長大後養成了閱讀習慣，這將是一生中享用不盡的財富。

　　三民書局的劉振強董事長，想必也是一位深信讀書是人生最大財富的人，在讀書人口往下滑落的多元化時代，他仍然堅信讀書的重要，近年來，更不計成本，連續出版了特別為孩子們策劃的兒童文學叢書，從「文學家」、「藝術家」、「音樂家」、「影響世界的人」系列到「童話小天地」、「第一次」系列，至今已出版了近百本，這僅是由筆者主編出版的部分叢書而已，若包括其他兒童詩集及套書，三民書局已出版不下千百種的兒童讀物。

　　劉董事長也時常感念著，在他困苦貧窮的青少年時期，是書使他堅強向上，在社會普遍困苦，而生活簡陋的年代，也是書成了他最好的良伴，他希望在他的有生之年，分享這份資產，讓下一代可以充分使用，讓親子共讀的親情，源遠流長。

　　「世紀人物 100」系列早就在他的關切中構思著，希望能出版

孩子們喜歡而且一生難忘的好書。近年來筆者放下一切寫作，接下這份主編重任，並結合海內外有心兒童文學的作者共同為下一代效力，正是感動於劉董事長致力文化大業的真誠之心，更欣喜許多志同道合的朋友，能與我一起為孩子們寫書。

「世紀人物 100」系列規劃出版一百位人物故事，中外各占五十人，包括了在歷史上有關文學、藝術、人文、政治與科學等各行各業有貢獻的人物故事，邀請國內外兒童文學領域專業的學者、作家同心協力編寫，費時多年，分梯次出版。在越來越多元化的世界中，每個人都有各自的才華與潛力，每個朝代也都有其可歌可泣的故事，但是在故事背後所具有的一個共同點，就是每個傳主在困苦中不屈不撓，令人難忘的經歷，這些經歷經由各作者用心博覽有關資料，再三推敲求證，再以文學之筆，寫出了有趣而感人的故事。

西諺有云：「世界因有各式各樣不同的人群，才更加多采多姿。」這套書就是以「人」的故事為主旨，不刻意美化傳主，以每一位傳主的生活經歷為主軸，深入描寫他們成長的環境、家庭教育與童年生活，深入探索是什麼因素造成了他們與眾不同？是什麼力量驅動了他們鍥而不捨的毅力？以日常生活中的小故事，來描繪出這些人物，為什麼能使夢想成真。為了引起小讀者的興趣，特別著重在各傳主的童年生活描述，希望能引起共鳴。尤其在閱讀這些作品時，能於心領神會中得到靈感。

和一般從外文翻譯出來的偉人傳記所不同的是，此套書的特色是，由熟悉兒童文學又關心教育的作者用心收集資料，用有趣的故

事，融入知識，並以文學之筆，深入淺出寫出適合小朋友與大朋友閱讀的人物傳記。在探討每位人物的內在心理因素之餘，也希望讀者從閱讀中，能激勵出個人內在的潛力和夢想。我相信每個孩子在年少時都會發呆做夢，在他們發呆和做夢的同時，書是他們最私密的好友，在閱讀中，沒有批判和譏諷，卻可隨書中的主人翁，海闊天空一起遨遊，或狂想或計畫，而成為心靈知交，不僅留下年少時，從閱讀中得到的神交良伴（一個回憶），如果能兩代共讀，讀後一起討論，綿綿相傳，留下共同回憶，何嘗不是一幅幸福的親子圖？

2006 年，我們升格成為祖字輩，有一位朋友提了滿滿兩袋的童書相送，一袋給新科父母，一袋給我們。老友是美國國家科學院院士，曾擔任過全美閱讀評估諮議委員，也是一位慈愛的好爺爺，深信閱讀對人生的重要。他很感性的說：「不要以為娃娃聽不懂故事，我的孫兒們一出生就聽我們唸故事書，長大後不僅愛讀書而且想像力豐富，尤其是文字表達能力特別強。」我完全同意，並欣然接受那兩袋最珍貴的禮物。

因為我們同樣都是愛讀書、也深得讀書之樂的人。

謹以此套「世紀人物 100」叢書送給所有愛讀書的孩子和家庭，以及我們的孫兒——石開文，他們都是世界上最幸福的孩子，因為從小有書為伴，與愛同行。

作者的話

　　12 月的陽光穿過南窗的玻璃，雍容淡定的灑落在客廳裡，冬天的早晨因而變得溫暖而舒意。我坐在臨窗的長桌前，將昨晚完成的手稿，鋪放在陽光下的桌面上，靜靜的與文中的主人公凝視著。在靜謐的陽輝中，猶若一幅印象派的冬日晨景畫，詩意又幻美。

　　當我接受簡宛女士的盛邀，參加三民書局「世紀人物 100」系列叢書的編寫時，責重筆怯，思慮不安。把筆多年，面對的都是成人讀者，行文的時候沒有太多的顧慮。文章寫成後就由讀者去讀審評判，輕鬆自如。而這次不然，一是蒙文學大家簡宛女士錯愛，喜憂參半，恐慌至極，生怕自己筆弱，寫不出令前輩滿意的內容。二是筆者要面對的是兒童與偉人。小朋友們的眼睛和心靈是最純潔真實的，容不得半筆的虛構和矯情。海倫・凱勒，是一位創造奇蹟的偉人，要怎樣的筆彩，才能寫出她不凡又絢爛的人生？我能寫好嗎？將自己的不安傾訴給簡宛女士，得到了她熱情的鼓勵與信任：郁乃，妳一定能寫出令小朋友喜歡的海倫！

　　看著出版社的邀稿信上，四萬字的字數要求和截稿日期，我輕鬆的擬好了一個月找資料，二個月完稿的寫作計畫。

　　於是，在楓紅染遍東京的秋天裡，我拎著一只結實的大布袋子，日日往返於圖書館和家中。從來沒有這樣用心的去讀一個女人的故事。幾十本書和大量的資料，擺滿了我的書房，被我每天如餐般的啃嚼著、消化著、回味著。我時常會在書房裡，邊讀海倫邊片刻閉

上眼睛，讓自己感受黑暗的孤寂。

借來的買來的有關海倫的書和資料，被我一天天的讀著，心開始重了起來，不敢再有「啊，四萬字的稿子，很快就寫完」的輕鬆感。尚未執筆之前，筆者已被自己要描述的主人公震撼了。時而流淚，時而沉思，時而意氣風發。有時家人望著走出書房、眼眶泛紅的我，會擔心的問：沒事吧？

看資料的時間，從一個月延長到二個月。二個月，我沉浸在海倫的世界裡。不是我來寫海倫的故事，而是海倫的故事在感化著我！

「咚！咚！咚！」凱蒂被人鎖在了家中食物儲藏室裡了。在轉身進來取東西的幾分鐘內，竟然就被鎖在了裡面。無論怎樣的叫喊和敲打著，那扇結實的大門，都沒有人走過來打開。是的，上午的這個時間裡，正是家裡工人和傭人忙碌的時候，誰也不會想到女主人被鎖在儲藏室裡。凱蒂知道這個惡作劇的犯人是誰，不用猜也能知道的，除了海倫還會是誰。只有這個頑皮任性的六歲寶貝女兒，才能做出這樣的惡作劇。幾個小時過去了，當凱蒂被家傭破鎖救出時，惡作劇的主人——海倫，正在二樓自己的房間裡，得意忘形的又蹦又跳。

母親被鎖在地下室的幾個小時裡，海倫就坐在不遠的臺階上，

感覺著從地面傳來的震動，又是開心又是孤獨。自從一歲九個月變成了盲聾啞人後，海倫的生命，就是黑暗裡的獨行。彷彿只有哭叫和惡作劇，才能打破自己在黑暗裡的孤寂。

「咚！咚！咚！開門，開門！」海倫的家中，又有人被鎖在房間裡了。這一次，被鎖的人是剛來這裡的家庭教師──安妮。惡作劇的主人，仍是她──家中的小魔頭海倫。七歲的海倫，是趁著安妮剛進到房間沒留神時，快速的將自己的家庭老師鎖在了房裡。安妮將房間的門咚咚的敲個不停，海倫坐在樓梯上，感覺著地板的震動，開心的笑著。「讓這個新來的客人，嘗嘗我的厲害吧。」「海倫，妳把鑰匙藏到哪裡去了？」父親看著若無其事的女兒，無奈的去尋找家中長梯。一個多小時後，當安妮被海倫的父親從外面搭著木梯，從窗口抱下來時，又氣又嘆。海倫父母的致歉，使安妮感到，她要面對的是一個任性調皮的小魔女，一個被嬌慣寵愛而迷失真性的盲聾啞頑童。

「我能將這個喜歡惡作劇的小魔女教育好嗎？」安妮呆想著。

1900 年 10 月，美國名校哈佛大學迎來了歷史上第一個盲聾啞學生──海倫‧凱勒。

1904 年 6 月，美國首次有一位全盲全聾的學生，學完了四年大學的全部課程，並獲得學士學位。她就是海倫‧凱勒。

將看不見、聽不到、說不出的盲聾啞三重苦難的消極人生，轉變成積極向上、樂觀向前追夢求真的人生。海倫演繹了一個奇蹟。

將不可能變為可能，將夢想變為現實。安妮創造了一個奇蹟。

20 世紀裡，讓世界驚讚的兩個偉大女人──海倫和安妮！

她們共同締造了世紀的奇蹟。這個奇蹟不僅僅是海倫走出盲聾啞的黑暗世界，走進哈佛大學的知識殿堂，更是海倫心中昇起的光明。安妮將一生奉獻給了海倫的教育事業，海倫又將一生奉獻給了世界盲聾啞人的福利事業。她們是創造奇蹟的人，並因之而輝煌偉大。

筆者在海倫的世界裡漫遊時，感觸最深的就是海倫的人生信念——追求夢想，絕不動搖，絕不放棄。正是因為有這樣的人生信念，海倫才從平凡走出了不平凡的人生之路。創造了奇蹟，感動了世界。

一個世紀轉瞬即逝，但一個偉大的奇蹟卻是代代傳頌的。

朋友們，讓我們回到生命的原點——愛與快樂，讓我們記住生命的信念——不能沒有夢想，不能放棄追求！

寫書的人

野崎郁乃

日籍華人，原籍中國大連。1984 年畢業於中國遼寧大學，1986 年留學日本東京大學研究所，專攻日中關係史。現為自由撰稿人，以中文寫作，作品散見日、美、中等地中文報刊。

擁明窗淨几、筆硯紙墨，自謂人生最樂時。愛宋詞漢賦，愛清風明月，愛寧靜淡泊。現客居在東京一個時聞鳥喧的小巷裡。

我要光明

海倫・凱勒

海倫・凱勒

1880～1968

前　言

我看不見，我聽不到，我說不出。
　　我在哪裡？我是誰？

　　朋友，請你將眼睛閉上，再用手緊緊的摀住耳朵，靜靜的待上十分鐘。你感覺到了什麼？是漫長的黑暗、沉寂與孤獨嗎？然後，你慢慢的睜開眼睛，豎起耳朵，忍不住的問：「過了多長時間了？」對一個身體健康的人來說，即使短暫的黑暗，也是難以忍受的。假如一生都要在黑暗沉寂的世界裡度過的話，你能想像那是多痛苦的人生嗎？

　　一個不滿兩歲的女孩，突然被病魔推到黑暗無聲的谷底，她驚慌、無助、恐懼，但最後卻能扭轉命運，享受生命的美好。這女孩就是海倫‧凱勒。

美國著名作家馬克‧吐溫曾說過:「19世紀,世界上有兩個偉人。一個是拿破崙,一個是海倫。拿破崙用武力征服世界,卻以失敗告終。海倫身負『盲聾啞』三種疾苦,卻以寬闊的胸懷、頑強的意志、不屈的精神,獲得了世界。」

被稱為創造20世紀奇蹟的海倫‧凱勒,是一個怎樣的人物,又是如何走過她八十八年的生命旅程?讓我們掀開歷史的簾幕,走進海倫的世界吧!

1 突然的黑暗

　　1880 年 6 月 27 日，海倫‧凱勒出生在美國南部阿拉巴馬州的塔斯甘比亞鎮。她的祖先是來自北歐的移民，其中有一位還是從事聾啞教育的專家。這讓海倫後來在自傳裡不得不感嘆的寫道：「命運真是無法預知！」

　　海倫的父親亞瑟曾是美國南北戰爭中南軍的上尉，也是塔斯甘比亞鎮的大地主。他是一個溫厚慈祥的好父親，也是小鎮報紙的編輯。他種的西瓜和草莓不僅令鄰居們讚揚，也讓海倫念念不忘。海倫的母親凱蒂是一位善良又富有愛心的賢妻良母。海倫在剛失明的漫長黑暗裡，可以說完全是靠著母親的慈愛和智慧而活下來的。海倫還有兩個哥哥和弟弟、妹妹。

4

海倫小時候是個非常健康活潑的小女孩，對任何事物都充滿了好奇心。她個性倔強，聰明靈慧。六個月大，就能發出「茶」、「你好」的聲音。不到一歲時，就能模仿大人說話，時常引來周遭人們的注目和笑聲；剛滿一歲就學會走路了。有一天，海倫坐在母親的膝上，發現了地板上晃動的樹影，就突然從母親的膝上溜下來，用小腳去踩樹影子，滑稽的樣子令家人又驚又笑。

海倫的家是一棟被茂密樹林圍繞著、爬滿青藤的木屋。屋前屋後一年四季盛開著各種各樣的花草。海倫常常摸著長串倒掛下來的鈴蘭，在紫羅蘭和百合花的清香裡，聽著樹上的鳥叫，玩得幾乎忘了時間。春天裡的各種鳥鳴，夏天裡的香甜果實，秋天裡的紅黃樹葉，這滿園的自然景

色，留給海倫美好的童年記憶。但幸福快樂的時光卻如此短暫，病魔的魔爪，悄悄的伸向海倫。

1882 年 2 月的某一天，海倫突然高燒不止，昏迷不醒。她的父母心急如焚，趕緊請來鎮上最好的醫生為她診治。醫生判斷海倫的病是急性腦炎，搖搖頭說：「恐怕無法救治了。」凱蒂聽到醫生的宣判，撫摸著海倫的額頭，難過的哭泣著。她的父親則是在房間裡走來走去，絕望的看著昏迷中的海倫，默默啜泣。他們只能眼睜睜看著愛女被病痛折磨，卻束手無策，心中的悲傷與無奈，可想而知。神奇的是，兩個星期過後，海倫的高燒退了，人也清醒過來，全家人圍著她開心的擁抱在一起。

凱蒂激動的吻著海倫的臉，輕輕的呼喚著：「海倫，海倫，妳終於醒過來了。」可是，從昏睡中

突然的黑暗

醒來的海倫，眼睛乾澀炙熱，疼痛難忍，不停的大聲哭著，想讓母親抱緊自己。這個時候，只有凱蒂溫柔的雙手撫摸，才能讓她停止哭泣。海倫一聲聲痛、痛、痛的叫喊，令凱蒂心如刀割，卻只能用力將女兒抱緊在懷裡。有一天，海倫早上醒來，發現自己什麼也看不見，什麼也聽不到了，好像被拋到一個陌生的黑暗谷底。驚恐至極的海倫，在床上蜷曲著身體，不知所措的發呆，連母親來到床邊都沒發現……。

她再也看不到燦爛的陽光，再也聽不到家人的溫言笑語了。失去視力和聽力的海倫，漸漸的，忘記過去的生活，在黑暗的世界裡迷失了生命的方向，漸漸的，她連話也不會說了。美麗可愛的海倫，不到兩歲，就失去了視力、聽力以及說話的能力，開始她苦難的人生。可是，過去那

7

陽光燦爛的日子，怎麼會從海倫的心底消失呢？那藍天白雲、鮮花小鳥，都成為海倫的回憶中，對大自然的美好珍藏。

病好後，海倫慢慢的適應黑暗的日子，在家裡摸索的走來走去。她會拉著母親的裙襬，跟著母親忙裡忙外；也常常坐在母親的膝上，向母親撒嬌，用小手觸摸著母親溫柔的臉。天氣暖和的時候，她會慢慢摸索著走到院子裡，拉拉樹葉，聞聞百合花的清香，或者呆呆的望著遠方。

凱蒂每天都耐心的拉著海倫的手，教她觸摸以識別家裡的各種東西，讓她慢慢記住什麼東西在什麼位置。由於凱蒂努力的將這些生活小事教給海倫，使得海倫對所有的事物充滿著好奇心。當她想要表達什麼時，會用些簡單的肢體動作來表現。比如：左右搖頭時就是「不」；上下點頭

就是「是」；把母親的手拉過來是「來」；想要東西吃時，就用手做出抓東西往嘴裡送的動作。

到了五歲時，海倫已經能用自己發明的肢體語言與家人溝通了。這種簡單的手勢超過了六十種，這些手勢，當然和凱蒂不厭其煩的竭力教導有極大的關係。正是因為凱蒂不懈的努力，使得海倫慢慢適應著黑暗的世界，身體也健康的成長著。多年後，海倫在自傳裡這樣寫著:「在那漫長的黑暗日子裡，完全是母親的慈愛與引導，讓我得以保有活下去的信心。」

隨著時間的流逝，海倫一天天的長大。五歲多，她就已經學會把洗好的衣服疊好，用手觸摸來分辨這些衣服分別是誰的，然後幫忙母親將疊好的衣服放到衣櫃裡。每當母親梳洗打扮準備外出時，海倫就能感覺到。她會拉

著母親的手，請求母親帶她一塊兒去。家裡有親朋好友來訪時，海倫也總是被叫出來與客人見面問好；感覺出客人要離去時，海倫就會站在客廳門口，不停的揮舞著小手表示再見。因為每天跟隨在母親身邊，海倫非常清楚母親的日常生活習慣，就連母親梳洗、化妝、穿衣，她都會跟著又觸又摸。有時，海倫隱約感到家中有貴客來訪時，就會興奮的跑到母親的房間，站在鏡子前，模仿母親往頭上擦油，往臉上抹粉，再穿上母親的長裙，戴上面紗，滑稽可愛的跑去樓下見客人。

海倫慢慢感覺到自己與周圍的人不一樣，讓她非常困惑。由於看不見、聽不到、說不出，海倫只能用手觸摸和感覺周圍的人事物。當她發現母親與別人交談時，嘴巴會不停的張開、合上，

她就用自己的小手一次次摸著母親的嘴巴，然後自己也學著張口、閉口。但由於發不出正確的語音，得不到別人的回應。這時，海倫就會扭動著四肢，或對著身邊的人又踢又撞，以發洩心中的不滿。

年幼無知的海倫，不知道該怎樣去和外面的世界溝通，怎樣才能和周圍的人一樣。在絕望中，她只能靠著哭鬧、靠著拳打腳踢，發洩自己心中的焦慮恐懼。在這樣無望的童年裡，海倫的朋友和玩伴，就只有家裡廚娘的女兒瑪莎和老獵犬貝利了。瑪莎和母親一起住在海倫的家裡，她是個有著一頭捲髮的黑人女孩，雖然身為傭人的孩子，但因為年幼天真，所以能和身為主人的海倫玩在一起。因為每天的朝夕相伴，瑪莎比別人更能看懂海倫的手勢。瑪莎雖然年長海倫三

歲，但面對這個發怒起來猶如一頭非洲獅子的小主人，她總是讓著她。沒辦法，家裡人從上到下都因為同情海倫的不幸遭遇而容忍她的任性。偶爾瑪莎不聽海倫的使喚時，也會招來海倫小拳頭的攻擊。不過兩個人很快就會忘記不高興的事情，又玩在一起。

　　海倫和瑪莎有時候會跑去廚房玩扮家家酒，揉麵團，做冰淇淋，或者是跑到院子裡的花叢深處去找母雞下的蛋。不論是家裡的糧倉還是乳牛場，也都留下了海倫和瑪莎快樂玩耍的足跡。她們會因為好奇而去拽牛的尾巴，惹得牛生氣的大叫，更常互相作弄對方。

　　有一次，兩個人偷偷的把剛烤好的蛋糕拿到院子裡，坐在柴堆上全部吃光，結果吃得太飽，晚上又吐又瀉，非常狼狽。又有一次，海倫和瑪莎玩剪紙遊戲，

玩得時間久了，兩個人都有些倦了，接著要玩什麼呢？海倫突然拿起手中的剪刀，往瑪莎滿頭的捲髮剪了下去，瑪莎原本還想抵抗，但最後還是任由海倫將自己的頭髮剪得亂七八糟。為了公平起見，換瑪莎拿起剪刀，也準備把海倫的頭髮好好修剪修剪。在瑪莎剪下第一刀後，幸虧凱蒂看到，及時制止，不然海倫美麗的頭髮可就不保了。

　　瑪莎像一個小天使，帶給海倫的童年許多快樂。家中的老獵犬貝利，就不像瑪莎那樣能陪著海倫玩各種遊戲了。有時，牠會聽話的跟在海倫的後面轉來轉去；有時，任憑海倫怎麼逗牠，牠就是不理不睬，慵懶的躺在暖爐邊睡覺。就算再怎麼頑皮搗蛋的海倫，在貝利面前也逞不了威風。

　　海倫生性聰明，她經常頑皮

的惡作劇，令家人大傷腦筋，但是誰也拿她沒辦法。海倫的父母因為對女兒遭受疾病的折磨深感虧欠，所以對海倫格外包容寵愛，還要求家人不要責備海倫。有一次，海倫為了將被水濺溼的衣裙烘乾，而太過接近壁爐，結果不小心引燃了衣裙。她嚇得大叫起來，幸虧家裡的老奶媽及時發現，撲滅了火，海倫才沒有受到傷害。

海倫曾跟著母親去過幾次食物儲藏室，她發現母親取完東西，從儲藏室出來後，總會用一把大鎖將門鎖好才離去。於是，她的小腦袋開始轉動，想著要怎麼搞個惡作劇。有一天，海倫知道母親前往儲藏室，就悄悄的跟在母親背後，等母親開門進去，她就迅速的將大門鎖上，然後假裝沒事的坐在門前的石階上，感覺著被鎖在儲藏室裡的母親用力

拍門的震動，從地面陣陣傳來。海倫為自己成功的作弄母親而洋洋得意。幾個小時後，家裡的傭人開了鎖，海倫的母親才出了儲藏室，海倫這時早已溜回自己的房間去了。面對著這個每天都在想法子惡作劇的小頑皮，真是讓海倫的父母大傷腦筋。

　　父母的過度縱容，加劇了海倫的任性脾氣。管也不行，不管也不行，眼看著快滿六歲的海倫還是這樣頑劣不減，讓人操心費神，凱蒂和亞瑟私下裡商量著，該找個家庭教師來管教女兒了。

海倫·凱勒語錄

＊在我生命最初的十九個月裡，我看見了寬闊的草原、無邊的大地、綠色的森林、盛開的鮮花和善良的家人。雖然我的世界突然變成了黑暗，但這一切都深藏在我的記憶裡。

2 命運的相遇

　　經過幾番商量後，凱蒂和亞瑟決定先在當地找一所盲聾啞學校。但是，找來找去，海倫居住的塔斯甘比亞小鎮附近，根本就沒有盲聾啞學校。就算他們想聘請家庭教師，也沒有人願意來到這偏僻的南方小鎮，教一個又盲又聾又啞的孩子。而且，儘管凱蒂和亞瑟想讓女兒受到良好的教育，周圍的親朋好友卻都不相信海倫有接受教育的能力。在大家的眼中，海倫是個性格孤僻任性、被寵壞而無可救藥的頑童。

　　不管旁人怎麼想，凱蒂和亞瑟始終沒有放棄讓海倫求學的念頭。有一天，凱蒂偶然間翻看一本書，在書中看到了有關盲聾啞兒童教育的記載：有一個和海倫一樣情況的少女羅拉，在盲啞教

育專家郝博士的指導下，學有成就。凱蒂興奮的跑去亞瑟身邊，指著手中的書說:「你快看看，我們的海倫如果能得到郝博士指導的話，就有接受教育的希望了。」亞瑟聽了，馬上四處去打聽郝博士的消息，但令人失望的是，郝博士早已去世多年了。亞瑟不死心，又多方打聽能治好盲人的眼科名醫，「哪怕是能讓海倫看到微弱的一線光明也好。」

在亞瑟四處打探下，終於打聽到一位住在巴爾的摩、醫術精良的眼科醫生，於是，凱蒂和亞瑟馬上帶著海倫前去求醫。對六歲的海倫來說，第一次的遠行，讓她既好奇又興奮。她在火車的車廂裡走來走去，和不認識的旅客們打著招呼，東碰碰西摸摸，直到火車抵達巴爾的摩車站，她居然都沒有亂發脾氣，這令父母大吃一驚。巴爾的摩的名醫齊夏

姆熱情的接待了海倫與她的父母。在幫海倫做了詳細的眼部檢查後，齊夏姆醫生表示，以他的醫術無法治療海倫的眼疾。不過，他倒是建議海倫的父母帶著海倫去找華盛頓的聾啞教育專家貝爾博士談談，或許能有一線希望。齊夏姆醫生堅定的對亞瑟說:「海倫即使治不好眼睛，也可以接受教育的，你們要有信心!」海倫的父母只好懷著半信半疑的心情，帶著女兒前往華盛頓，去向貝爾博士求救。

亞歷山大‧貝爾博士是 19 世紀美國有名的發明家。他不僅是電話的發明者，還是聾啞教育專家，更是一個熱心社會福利的慈善家。貝爾博士是海倫生命中至親至愛的朋友。海倫後來在自傳裡寫道:「與貝爾的會面，成為我生命的轉折點。使我獲得了開啟生命從黑暗到光明，從孤寂的個

人世界到有愛世界的密碼，讓我觸摸到了通往知識的門窗。」當海倫坐在貝爾博士的膝上時，命運之線便從此將他們兩個緊緊的連在一起了。

在貝爾博士的幫助下，波士頓有名的帕金斯盲人學校校長安納諾斯，決定為海倫推薦一位家庭教師。經過幾番物色，他終於為海倫找到了一位合適的家庭教師，她就是帕金斯盲人學校的優秀畢業生——安妮‧莎利文。海倫的父母和家人高興極了，天天盼望著安妮老師的到來。海倫雖然不知道即將要發生的事，但她也感受到了父母的喜悅之情。

當年僅二十一歲的安妮，在辦公室接過安納諾斯校長遞過來的信時，感到有些緊張。海倫父親誠摯期盼的求救信，字字如箭，射在了安妮的心上。這麼一個不幸的小女孩，她是多麼需要

生命的希望呀！海倫幼小無助的身影和她父母親四處求援的愛女之情，令安妮一邊讀著信，一邊流著感動的淚水。想到自己小時候患病曾經失明的痛苦和悲慘身世，安妮默默的在心裡下了決定。她握著手中的信，略微不安的對校長說：「校長，我決定去當海倫的家庭教師，但是我可以勝任嗎？我沒有任何的經驗，如果失敗了怎麼辦呢？」

「安妮，雖然這是一個艱難的工作，但是，我相信妳一定會做得很好的。」安納諾斯校長伸出他那雙寬厚的大手，緊緊的握著安妮的手，鼓勵著面前這位帕金斯盲人學校的優等生。

「阿拉巴馬州？啊！那可是個很不方便的鄉下地方哪！」「又盲又聾又啞的小女孩怎麼教呀？」

「安妮，為了帕金斯盲人學校的名譽，妳要努力呀！」儘管周圍的

朋友們意見不同，卻絲毫沒有動搖安妮擔任海倫家庭教師的決心。她帶著老師和同學們的祝福，告別了波士頓，踏上了開往南方阿拉巴馬州的列車。經過三天顛簸的旅程，安妮終於抵達了海倫的家鄉——塔斯甘比亞鎮。

1887 年 3 月 3 日，海倫六歲零九個月大的時候，安妮終於從遙遠的波士頓，如約來到了阿拉巴馬州，與海倫相遇了。對這個年僅六歲的盲聾啞女孩而言，從這天起，她就像走出了古老的埃及，站在西奈山的面前，上天的靈感觸及她全身的每根神經，有奇幻的美景在她的腦海裡橫波蕩漾。她彷彿聽到了先知的聲音——「知識給妳愛，知識給妳光明，知識給妳智慧。」從那一天起，海倫的命運就和安妮緊緊相連。安妮把不可能變為可能，培養出世界第一位接受四年正規大

學教育的全盲學生，創下了哈佛大學史無前例的紀錄，締造了 20 世紀的奇蹟。在與海倫相遇之前，安妮是怎樣的一個人呢？

1845 年到 1848 年間，歐洲愛爾蘭地區的農業連年歉收。飢餓的農民，開始成群結隊、背井離鄉，逃向北美新大陸。1860 年，安妮的父親托馬士和母親愛麗絲，也逃難到美國。但是，因為托馬士沒有什麼手藝，只得靠打零工維持生活，日子過得很艱困。後來，由於常常找不到工作，托馬士漸漸失去了勞動的熱情，鎮日沉溺在酒精中。

安妮是托馬士與愛麗絲的長女，1866 年 4 月 14 日出生於麻薩諸塞州的一個鄉村小鎮。愛麗絲染上了慢性肺結核病，身體虛弱，因為沒錢醫治，病情日漸嚴重。安妮三歲的時候患上了砂眼，因為沒錢看醫生，眼疾日益

加劇，漸漸的看不清東西，得拄著拐杖摸索才能行走。托馬士帶著安妮去看過幾次小鎮的醫生，但都只拿到一瓶眼藥水使用而已，並沒有什麼療效。安妮常常因眼睛疼痛而哭鬧著，但父母也只能唉聲嘆氣卻無能為力。沒有錢帶安妮去看好醫生，托馬士的內心也感到難受鬱悶，酒就喝得更凶了。安妮有四個弟妹，但存活下來的，只有妹妹馬麗雅和弟弟吉米。吉米出生後不久也染上結核病，只有馬麗雅是個健康的孩子。

也許是因為身患眼疾，又得不到父母的寵愛，安妮的性格變得越來越焦慮暴躁，經常亂發脾氣。她聽不進任何稍有責怪的話語，用嘶喊、怒叫和摔砸東西來抵抗對黑暗的恐懼。每次這樣亂發脾氣的後果，都是遭到父親的痛打。父親的打罵，令安妮更激

烈的砸東西來反抗，父親對她也失去了耐心，不再理會安妮。只有病弱的母親，時常為安妮感到難過。安妮八歲的時候，長期積勞過度的母親，撒手人寰，離開了她摯愛的兒女。

愛麗絲去世後，因托馬士無力撫養三個年幼的孩子，親戚們決定將安妮的弟弟和妹妹寄養在叔叔家，安妮和父親則在另一個親戚家幫傭維生。托馬士偶爾心情好的時候，會講些愛爾蘭的神話故事給安妮聽，但大多時候，他總是爛醉如泥，連工作也顧不了。後來，親戚們只好將無可救藥的托馬士趕了出去，又將身體有病的安妮和吉米，送到了救濟院，只有健康乖巧的馬麗雅被一個親戚收留下來。

這所救濟院是一棟坐落在偏遠荒野裡，陰森破舊的兩層樓建築。一進去，管理員便將安妮和

吉米分配到男女不同的寢室。

「我不能和弟弟分開住，吉米有病，沒有拐杖不能行走。他不能自理生活，我不陪他的話，他就會死掉的。」安妮緊緊抓住弟弟的手不放，大聲的哭喊哀求著。無奈之下，管理員只好將這對相依為命的姐弟，安排在一間昏暗又骯髒的大房間裡。這間房間收容了身患各種疾病又無家可歸的老婦人，每天靠少量的粗食維持生命，等待死亡的召喚。安妮覺得這裡死氣沉沉，就像地獄一樣。

儘管環境如此的惡劣，但是能和弟弟在一起，安妮還是感到很幸福。有一天半夜，安妮睜開眼睛，習慣性的把手摸向隔壁床，發現吉米不見了。她顫抖摸索著來到寢室旁那間停放屍體的房間，找到了吉米早已冷硬的屍體。悲痛難忍的安妮，立刻大哭起來。淒慘的哭聲，驚醒了同寢

室的幾個老婦人，她們費力的將安妮拖回房間，不停的安慰她。大哭之後，安妮找到幾朵乾枯的野花，放到弟弟身上，然後抱著他的臉親了又親，才依依不捨的回到房間，呆坐在床上。安妮摸著身旁吉米睡過的空床，悲傷的自言自語：「最親愛的弟弟也離開我了，從此我真的是孤獨一個人了。」

住進這家救濟院一年多後，常來這裡傳教的神父巴巴里，對這個總是跟在他身邊的小女孩感到很同情，決定送她去慈善機構的醫院，做眼科手術治療。儘管手術沒有成功，但安妮的眼睛卻不再那麼疼痛了。而且，在強烈光線的照射下，也會稍微有些感覺。出院後，安妮被送到巴巴里神父的朋友布朗家寄養，不久眼痛又復發，再度被送進醫院治療。出院後，因布朗家不願意繼

續照顧，安妮只好回到救濟院。

安妮一直渴望上學讀書，但在救濟院裡的孩子，永遠沒有這樣的機會。有一天，以桑伯為團長的議員調查團，來救濟院進行政府福利施行情況的調查。安妮一直跟在調查團的後面打轉，當調查團準備離開時，安妮鼓足勇氣，跑到團長桑伯的面前，大聲的哭喊著：「我的眼睛看不見，但我要去學校讀書。」不久，救濟院接到波士頓帕金斯盲人學校的入學通知書，安妮可以進入該校就讀了。「安妮，從來沒有人能活著走出救濟院，妳要聽老師的話，好好讀書，再也不要回到這裡來了。」寢室裡那些孤苦伶仃的老人們，憐愛的叮囑著即將離去的安妮。

1880 年 10 月，安妮如願以償的進了帕金斯盲人學校，成為那裡的新生。這個時候，在遙遠的

塔斯甘比亞小鎮，三個月大的海倫，正帶給父母無限的快樂。

在帕金斯上學的第一天，老師問比其他同學高出很多的安妮說：「安妮妳幾歲了？」「不知道。」安妮不安的回答令同學們哈哈大笑。十四歲的安妮，在這群平均才九歲的同班同學中，顯得有些格格不入。大家好奇的問安妮從哪裡來的？由於不想讓同學們知道，自己是個無家可歸的孤兒，安妮還是用一句「不知道」來回答。不論是學習還是日常生活禮節，和同學們相比，安妮都顯得粗魯無知。因為從沒學習過，剛開始上課時，連簡單的盲文拼寫也不會，因此常被同學們恥笑。但是，安妮在心裡暗暗的發誓，一定要認真學習，為自己爭一口氣。於是，她廢寢忘食的學習，不久，她的成績就遙遙領先其他的一年級新生了。

　　課堂上，安妮總是不斷向老師提出問題。面對這樣一個進步神速又好學的學生，有的老師開始覺得應付不了。例如數學老師就因為安妮頻繁的發問而有些心煩，故意對安妮說：「安妮，妳的腦袋上長了幾隻眼睛呀？這樣枯燥無聊的問題，妳為什麼總是要反覆的問？」安妮面對老師帶著嘲笑語氣的詢問，機智的回答：「學好數學可以使頭腦聰明，克服頑固的偏見。老師教了多年的數學，可是好像並沒有變得聰明耶！」數學老師被安妮的回答堵住了嘴，不知道該說什麼來反駁。

　　由於安妮時常頂撞老師，有的老師向安納諾斯校長建議將安妮退學，以示處分。但是，校長和大部分的老師覺得還是必須耐心的教導頗具叛逆性格的安妮，用愛來感化她那顆冷硬孤獨的心。由於校長及老師的包容，安

妮得以安穩的在帕金斯盲人學校完成學業。安納諾斯校長用寬大的胸懷，包容安妮所有觸犯校規的行為，他發現並誘導著安妮的才能和求知欲望。舍監霍布舍夫人則像母親一樣，全心全意照顧著安妮。學校的寒暑假期間，她就會把無家可歸的安妮接到自己家裡居住。在周圍師友的關愛下，安妮冷硬的心終於變得柔軟。她逐漸學會了包容和忍耐，改變了任性急躁的脾氣，成為一個充滿愛心的少女。

在帕金斯盲人學校讀書期間，安妮又做了一次眼科手術，結果非常成功。她可以用很微弱的視力看書讀報了。

1886 年，安妮二十歲的時候，從帕金斯盲人學校畢業了。那天，安妮以優異的學習成績，被選為畢業生代表，在眾多的來賓面前，她鎮定自信的上臺演

講：「我們即將踏入社會，參與創造更美好更幸福的世界。今後，我們還要不斷的學習充實自己，為社會奉獻我們的青春和生命。」安妮簡潔的演講，受到了所有來賓及老師們熱烈的鼓掌讚賞。

畢業後，安妮面臨走進社會，工作自立的問題，但她要找到合適的工作不太容易。就是在這個時候，校長安納諾斯收到了海倫父親尋找家庭教師的來信。當安妮從校長手中接過海倫父親的來信後，對是否接下這份工作，還猶豫不決。她沒有信心能做好一個盲聾啞孩子的家庭教師。在校長不斷的鼓勵下，安妮查閱了大量有關兒童教育的資料，擬定了對待盲聾啞學生的教導提綱，終於決定應聘擔任海倫的家庭教師。

1887 年 3 月的一天，美國南方海倫的家鄉已是春暖花開，北

方的波士頓卻仍舊大雪紛飛。安妮帶著學校同學們為海倫趕做的布娃娃、幾本盲文書等簡單的行李，在老師和朋友的目送下，登上了開往阿拉巴馬州的火車……。

安妮懷著不安的心情，走下了列車。黃昏的小鎮車站，空氣中充滿著祥和的暖意。海倫的母親凱蒂看到安妮，便熱情的迎上前來，說：「為了妳的到來，我們全家人天天盼望著。今天我們一大早就趕到車站，已經等了好幾班列車了，真高興妳能來。」凱蒂握著安妮的手，溫和有禮的問候著略感疲倦的安妮。真是個美麗又善良的母親呀！安妮望著面前的凱蒂，讓她初來陌生小鎮的緊張不安，舒緩了不少。

馬車載著安妮，駛向海倫的家。莊園的門口，海倫的家人們都在那裡等著。「啊，歡迎妳，

安妮小姐。」亞瑟大步迎上來和安妮緊緊的握著手。「海倫呢，海倫在哪裡?」與亞瑟問候過後，安妮親切又急迫的尋找著海倫的身影。其實，海倫從早晨起床後，就一直感覺到家裡今天有客人要來。此刻，她正站在屋外長廊的石階前，靜靜的等著要來的人和即將發生的事。

隨著亞瑟手指的方向，安妮看到了獨自一人站在臺階前的小海倫。安妮急步走上前，一把抱住海倫，親熱的喚著:「海倫，我想念的小海倫。」當安妮想親吻懷中的海倫時，海倫猛地從安妮的懷裡掙脫而出，有些驚慌的跑到一邊，待著不動。海倫這突然的舉動，令安妮有些不知所措。凱蒂充滿歉意的對安妮解釋說:「對不起，讓妳受驚了。海倫除了我之外，從不讓別人親吻她的。這個孩子生病後就變得很怕生。」

　　海倫的哥哥站在那裡，心裡暗笑著:「啊，就這樣一個和我年齡不相上下的家庭教師，難道能收服得了我家這個小惡魔嗎?」亞瑟微笑著對安妮說:「這就是我淘氣的女兒海倫，也是妳的學生，期待妳能教好她。」海倫父母臉上流露出對女兒的寵愛之情，使安妮隱約知道要教育這個被寵壞的學生，恐怕不是那麼簡單。不過，安妮心裡想，海倫一定是個健康又好動的小女孩；反應敏捷的她，也一定是個腦筋靈光的小鬼靈精。安妮的思緒，此刻被初次見面的海倫翻攪得起伏不定。

　　海倫對於和安妮的相遇，在自傳中這樣寫道:「在未接受教育之前，我像正在霧中航行的船，既沒有指南針，也沒有探測儀，更不能知道海港近在眼前。我在心裡無言的吶喊著 —— 太陽，太陽在哪裡？請你給我撥開雲霧！

恰恰在這個時候，愛的太陽光向我射來了。」

　　安妮被帶到二樓早已備好的房間。海倫也隨著母親走上樓去，悄悄的溜進了安妮的房間。她淘氣的動手打開安妮的旅行箱，一件件的摸索著，想找些好玩的東西。翻來覆去的找了半天，發現沒什麼她感興趣的東西後，海倫開始心神不寧的煩躁起來，於是她把安妮的東西亂丟，毫無理由的發起脾氣來。

　　安妮一直默默觀察著海倫的行為，她發現海倫的情緒變化多端，沒有一刻能靜下來。安妮沒有斥責海倫的無理取鬧，只是想著：「多可憐的海倫，她在一個看不見、聽不到、說不出的黑暗深淵裡，我該怎麼幫助她呢？」夜裡，安妮躺在床上輾轉難眠。突然，她對自己說：「從今以後，我要和海倫一樣待在黑暗裡，與她

一起快樂、一起痛苦。哪怕是一點點的幸福，我也要幫助海倫去感受。為了海倫，我要將一生奉獻給她！」安妮在心中，默默的立下這項重大的誓言。

　　第二天起床，吃過早餐後，安妮帶著海倫來到自己的房間，從手提袋裡拿出個布娃娃交給海倫，這是帕金斯盲人學校的學生們送給海倫的禮物。海倫馬上開心的玩起了布娃娃，安妮趁機拉起海倫的小手，在掌中慢慢的用手指寫著「布娃娃」(doll) 這個字。充滿好奇心的海倫，馬上也模仿著在安妮的手掌上寫著布娃娃，反覆拼寫了好幾遍，然後興奮的跑去找母親凱蒂，拉住她的手，拼寫著布娃娃這個字。

　　當時，海倫還不知道世界上有文字的存在，也不知道自己在拼字，只是覺得好玩，就跟著安妮每天在彼此的手掌上寫來畫

去。

　　那是安妮來到海倫家任教的第六天早晨，和往常一樣，全家人齊聚到餐廳吃早餐。海倫自從失明失聰後，變得任性頑皮，從來就不守餐桌上的禮節，自己喜歡吃的食物就用手抓著吃，即使面前放著刀叉等餐具，她也不用。家人因為疼愛她，誰也不去強迫她使用餐具用餐。久而久之，養成了海倫在餐桌上的放任行為。每當吃飯時，海倫就用她嗅覺靈敏的鼻子，聞自己喜歡的食物。碰到想吃的，就圍著餐桌轉來轉去，順手去抓別人盤中的食物。

　　這幾天，安妮不動聲色的將海倫的行為看在眼裡。或許是父母過度的包容，海倫並不知道自己的行為是多麼的失禮，照樣我行我素的用餐。可是，那天的早餐，安妮再也忍不住了。當海倫

把小手伸進安妮的餐盤裡時，安妮立刻把盤子迅速的挪開。海倫因為沒抓到食物而大吃一驚，她第一次在餐桌上抓食被人拒絕，這讓她非常生氣，任性的再次伸手抓取安妮餐盤裡的食物，安妮這時毫不留情，將海倫的小手壓住。兩個人僵持了好一會兒，海倫氣惱成怒，開始大哭大叫，將餐桌上的刀叉餐巾四處亂扔，又敲桌子又踢安妮的坐椅。凱蒂和亞瑟看到女兒傷心大哭的樣子，心一軟，就向安妮懇求說：「老師，請妳原諒海倫年幼無知的行為吧。她還是個孩子，想要做什麼就讓她做吧。」安妮一邊看著哭鬧不休的海倫，一邊對凱蒂和亞瑟說：「這是很重要的教育，應該讓海倫知道她的行為是錯誤的。」

　　看著僵持不下的海倫和安妮，家人們只好陸續離開了餐廳。安妮起身將餐廳的門鎖上，

坐下來和海倫對峙著。海倫要賴的躺在地板上又滾又踢，安妮幾次把她拉起來，她又故意躺著不起來。十分鐘、二十分鐘、一個小時、兩個小時……海倫鬧得有些餓了，爬起來想去拿餐桌上的食物吃。安妮先讓海倫端坐在椅子上，然後把刀叉放到海倫的手裡，卻被海倫扔到桌子上。安妮拿過來，再讓她握住刀叉，一遍、兩遍……安妮不斷堅持著要海倫學習使用餐具。海倫想要離開，便去推餐廳的門，卻發現門早已被鎖住了。這時海倫才知道，餐廳裡只剩下安妮和自己，沒有家人可以依靠了。想要吃飯，想要離開餐廳，不能不服從面前這個陌生人。

精疲力盡的海倫終於乖乖的聽從安妮的教導，規矩的坐在椅子上，學著用刀叉將早餐吃完。又花了一個多小時，練習將自己

用過的餐巾，整齊的疊放在餐桌上，這才結束她與安妮的第一場較量。當安妮和海倫走出餐廳時，海倫的父母不安的看著她們。海倫好像忘記剛才的哭鬧大戰，快樂的跑去花園裡玩耍；安妮則是身心俱疲的回到二樓的房間內休息。

想到這幾個小時與海倫的對峙，安妮不由得思考著：我多想一下子就讓海倫變成一個懂事知禮的人，可是，她還是個不到七歲，又聾又盲又啞的孩子呀！怎樣才能把海倫教育好呢？安妮第一次感受到擔任海倫家庭教師的難處。但是，海倫直率的性格和敏捷的思考力，都令安妮感到欣慰。既然如此，那就先培養她的愛心吧。安妮在心中默默的想著：「海倫，對不起，老師有些性急了。今後要慢慢的引導妳去認識各種事物，讓妳感受到老師的

心意，妳一定能成為一個好孩子的。」海倫的笑聲從樓下傳來，讓安妮的心中升起了一股自信和愛，陽光從窗外照射進來，讓人感覺溫暖而舒適。

午餐時，當凱蒂和亞瑟看到女兒乖乖的坐在椅子上用刀叉吃飯時，驚喜的四目相望。其他的家人也不敢相信，從前那個跑來跑去，一刻也無法安靜下來的海倫變成眼前這個規規矩矩、胸前別著餐巾、用刀叉優雅的吃著自己盤中食物的小女孩。安妮趁機向凱蒂和亞瑟請求:「請讓海倫和我單獨住到別處吧！我想讓海倫從頭開始學習日常生活的禮節。對於新的生活習慣，她還不能堅持下去。如果和大家一同生活的話，不用幾天，海倫還是會變回像從前一樣的任性。請給我一個月的時間，讓我來幫助海倫學習簡單的生活規矩，並遵守與別人

共同生活的習慣。」

「不行，一個月的時間太長了。海倫還是個孩子，她忍受不了的。」亞瑟無法同意安妮的請求，一口回絕了她。因為亞瑟實在捨不得讓海倫哭泣，早餐時海倫和安妮的對峙，就已讓他快無法忍受了。但是，安妮知道，要想把海倫教得和正常的孩子一樣，就必須先從日常的生活習慣上改變，如果一味的放任寵愛，只會影響海倫精神上的成長，讓她即使身體長大了，但精神年齡也永遠是個無知的孩子。

凱蒂悄悄的對亞瑟說:「你不是看到海倫已經有些改變了嗎？就讓安妮試試吧。」安妮也對亞瑟懇求說:「請給我三個星期試試看吧。」「不，我給妳兩個星期，如果兩個星期後海倫還不能習慣，請考慮放棄妳的教育方式。」亞瑟用斬釘截鐵的語氣回答安妮。兩

個星期？只花兩個星期就可以讓任性多年的海倫改掉壞習慣嗎？安妮看著亞瑟擺出一副無可商量的態度與凱蒂滿心期待的目光，心一橫，伸出手與亞瑟握一握，說：「就兩個星期吧！請相信我和海倫。」

第二天，安妮便帶著海倫搬到花園裡一棟獨立的房子內，開始一對一的訓練生活。

起床的時間到了，海倫還賴在床上不動，但安妮可是不會讓步的。她強行拉著海倫起床，海倫開始尖叫哭鬧，揮舞她的拳頭；安妮用力抓住海倫的雙手，任她哭喊。十幾分鐘過後，海倫累了，也發覺無法抗拒安妮的命令，只好乖乖起床，然後再照著安妮的教導，將自己的棉被疊好，一遍、兩遍、三遍……直到安妮滿意為止。

早餐送來了，安妮與海倫坐

下來準備用餐。海倫原本拿起刀叉卻又放下，想直接伸手去拿盤裡的食物。安妮便把餐盤移開，將刀叉放在海倫的手裡，再把餐盤移回海倫面前。海倫非常生氣，用力的把刀叉一扔，就想跑出去，門卻被鎖上了，她只好不斷的踢門抗議著。早餐漸漸涼了，安妮也沒用餐，她在一旁看著海倫，知道自己現在絕不能心軟，也不能被海倫的哭鬧嚇退。不堅持下去，海倫就沒辦法進步，成為一個有禮貌的好孩子。

幾個小時過去了，海倫鬧得又累又餓，呆呆的坐在門邊的地板上。安妮壓抑著心中的不捨，向海倫走過去，把她拉起來，帶回餐桌旁坐好。這次海倫沒有抗拒，她順服的將刀叉拿起來開始用餐。安妮邊喝著涼了的番茄湯，眼裡卻湧起一陣熱意。用餐完畢，海倫也按照安妮的指導，

　　將餐巾疊好，把刀叉放到空盤內，每件事都做得有條不紊。安妮看了很開心，也很感動，她心想：「多可愛的海倫！」她牽起海倫，和她一塊兒玩布娃娃的遊戲。

　　　到了就寢的時候，安妮和海倫又發生一場衝突。原來海倫除了母親之外，從沒和其他人同床共寢過。她不習慣和安妮一塊睡，就站在地板上堅持不上床。安妮把海倫抱上床，海倫就跳下去，安妮再把海倫抱上床，海倫又跳下去，就這樣反反覆覆，折騰了兩個多小時。終於，安妮制伏了海倫，讓她乖乖的躺下，望著身邊熟睡的小海倫，安妮也疲倦的睡去。從此，這兩個原本距離遙遠的陌生心靈，慢慢的彼此靠近，最後相偎相依。

　　　安妮和海倫從那天起，便吃在一塊、玩在一塊，朝夕相處。

安妮把日常生活中的規矩一一教給海倫，耐心的訓練她；而聰明的海倫，也慢慢的領悟老師的用心，努力學習。安妮還在海倫的手掌上寫字，教她日常會話的單字，短短幾天，海倫已經能記住十幾個單字了。雖然有時海倫會哭著要找媽媽，但被安妮拒絕後，她也能不哭不鬧，乖乖的去玩自己的布娃娃。而海倫的父母則是始終放心不下，日夜牽掛著海倫的情形。

第五天早上，亞瑟終於忍不住了，於是帶著老獵犬來看望海倫。當他看到原本蹦蹦跳跳的海倫，竟能安安靜靜的與安妮玩著布娃娃，不禁脫口而出，說：「了不起！」海倫發現爸爸來了，開心的扔開手中的布娃娃，飛奔到父親的懷裡撒嬌，沒多久又坐在獵犬貝利的旁邊，在牠的腳掌上寫著「布娃娃」這個字。安妮向面

露驚訝之色的亞瑟解釋說，海倫是在教貝利記住「布娃娃」這個字，又說海倫非常聰明，已經能記住十幾個日常生活會使用到的單字了。「是嗎？」亞瑟聽到海倫的進步，非常感動，眼中閃耀著高興的淚光，不斷向安妮道謝。

　　在與安妮單獨相處的兩個星期裡，海倫逐漸減少發脾氣的次數，也能夠安靜下來，長時間的玩某一種遊戲了。她經常和安妮手牽著手一起到花園散步，摸摸樹葉、聞著花香，或自然的坐在安妮的膝上向她撒嬌。海倫關閉已久的心房，正慢慢的打開。等安妮帶海倫回到分離兩週的家人面前時，每個人都很難相信，眼前這個乖巧、安靜又有禮貌的小女孩，就是頑皮搗蛋的海倫。尤其是海倫的父母，對女兒明顯的改變，更是感到驚喜與安慰。

　　4月初，阿拉巴馬州正是春

光燦爛的季節，花園裡的藤架上，開滿了芬芳的金銀花，不知名的小鳥在樹上又跳又唱。海倫每天在花園裡，抱著布娃娃南希開心的玩著。而安妮正準備在海倫生命的春天裡，播撒知識的種子。

　海倫不懂安妮為什麼將兩個大小不同的布娃娃，都稱為「布娃娃」，她覺得只有南希才叫布娃娃。另外，她也搞不清「水」和「水杯」有什麼不一樣，區別到底在哪裡？所以，不論安妮怎樣在她的手掌上畫來畫去，海倫還是不明白。有一天，海倫終於生氣了，她將安妮新縫給她的布娃娃用力撕破，再摔到地板上。海倫不覺得自己的行為有什麼不對，布娃娃對她來說只是個玩偶，一個不需要付出愛心的玩偶。海倫的靈魂，仍徘徊在黑暗的谷底，沒有溫情，也沒有愛

憐。安妮沒有責怪海倫，只是默默的將被撕碎的布娃娃收拾起來。她知道，海倫是因為不能理解水和水杯的詞義，才發這麼大脾氣的。「海倫，我們到花園裡散散步吧！」為了讓海倫換換心情，安妮決定帶她出外走走。

　　陽光溫暖的照在園子裡的花草樹木上，明亮的春天，到處都是生機蓬勃。安妮牽著海倫，兩個人悠閒的沿著小路散步，不知不覺走到了水井邊。安妮突發奇想，把海倫的小手牽到出水口下，讓一道清涼的水流穿過海倫的掌心，安妮立刻在海倫的另一隻手上，一次又一次的拼寫「水」(water)這個字。然後，又將井邊的一只杯子盛滿水，讓海倫一手端著這個裝滿水的杯子，往另一隻手上倒下去。冰涼潔淨的井水，就這樣流過了海倫的指間，流入了她的心田。剎那間，

靈感湧現，在海倫的腦袋裡竄來竄去。海倫靜靜的待在水井旁，心靈困滯許久的窗戶，好像忽然被人打開。她終於瞭解，原來和安妮爭執不休的水，就是剛剛從自己指間流過的、那個冰涼神祕的東西，也是自己剛學會說話時，經常開口發聲的"wa...wa..."。

海倫後來在自傳中寫道:「水喚醒了我的靈魂，引導我走向另一個充滿光明、希望、快樂，和自由的新世界。」

心靈被水喚醒，激發起海倫無窮的求知欲望，宇宙萬物的每一樣事物的名字，她都想瞭解、知悉。她不停的要求安妮在自己的手掌上拼寫新的單字：腳下的土地、老師、妹妹、母親、父親、樹木、花草等，三十多個人名、物名，一股腦兒的湧進海倫的腦袋裡。

回程的路上，海倫感覺每一

項可觸摸的東西，都彷彿有了生命。回到家後，她想起被她撕壞了的布娃娃，她摸索著找到床邊布娃娃的碎片布條。海倫顫抖著小手，想把布娃娃拼好，但怎麼樣也無法把它變回原本的樣子。這時，她才感到深深的後悔，抱著破碎的娃娃，難過得掉下眼淚。這是她生平第一次發自內心的懺悔。

　　那天晚上，小海倫躺在床上，翻來覆去睡不著覺。她想到白天流過手中的水，想到那麼多記在腦袋裡的名字，就感覺到周圍的世界正親切的向自己招手。

　　「啊！明天，明天我會記住更多名字！」無比的歡喜載著海倫進入夢鄉。

　　安妮站在床邊，看著微笑入夢的海倫，心裡湧起滿滿的憐愛之情。想到白天在井邊讓海倫瞭解到水的經過，就有無限感慨。

是呀！海倫終於知道要怎樣去學習，開始懂得用心去體會、記住萬事萬物的名字與詞義，而不是一味的死背硬記了。「海倫，讓我們一起走進文字的花園，去採擷更多的美麗與驚奇吧！」安妮一邊彎下身來，親吻海倫的額頭；一邊在心裡下了帶領海倫走進文字世界的決心！

海倫‧凱勒語錄

＊童年的經歷對我來說十分重要。在別的孩子正享受著童年的快樂時，我卻受著失明失聰失語的三重痛苦。但同時上帝又派遣安妮老師，來到我的身邊，她為我帶來了生命的光明。

3　文字的世界

　　自從海倫被清涼神祕的水開啟了心靈之眼後，接下來的每一天，她不斷用手去觸摸周圍的世界，興奮的記住它們的名字，以此來修補與自己隔離太久的外在世界。她的學習欲望很強，時時都想和別人交流，也不斷向安妮提出各種她不瞭解的問題。她亟欲填補失明失聰後而一片空白的腦袋。

　　轉眼間，短短的幾個月過去了，海倫已經記得六百多個單字的意思了。她試著用這些單字組成句子，並模仿大人那樣寫信給堂哥。有一天，海倫在安妮的手上寫著：「老師，我寫了一封信給弗蘭克，請幫我寄給他。」安妮看到海倫手中拿著一張用針亂刺著許多小洞的信紙，忙問道：「這些

是什麼意思？」海倫回答說：「這是海倫在散步，這是小狗和狗媽媽，這是爸爸種的草莓好吃。」海倫興高采烈的描述著。

安妮興奮的拉過海倫的小手，在她的手上寫說：「請拿麵包給我吃。」海倫馬上領會了意思，跑去廚房拿來了麵包。安妮又拿出一盒點心，讓海倫先摸一下，然後藏起來，讓海倫找。海倫非常開心的和安妮玩起這種捉迷藏的遊戲，滿屋子的摸著找著，但是，找了半天也沒找到。突然間，海倫靈機一動，笑著來到安妮面前，用手指著安妮的肚子，並寫著：「點心都被老師吃到肚子裡去了。」安妮不禁被海倫聰明有趣的想法，逗得笑了起來。海倫雖然進步很快，但急躁不安的性格還是時常發作；對於自己不喜歡的事物，馬上抵抗拒絕。安妮有時會做出難過的表情，讓海倫

的小手感觸難過是什麼；有時會做出高興的表情，讓海倫來感觸快樂是什麼。

當感覺到海倫僅靠手指畫寫來學習已不夠時，安妮便開始教海倫學習點字盲語。她拿出從波士頓帶來的點字盲文卡，教海倫透過觸摸來識辨字義。點字盲文卡，就是在硬紙卡上印刷著凸起來的英文字母，專供盲人學習使用，這也是帶領海倫打開文字世界的鑰匙。充滿求知欲望的海倫，短時間內，就記住了大、小寫的二十六個英文字母。接下來又開始觸摸盲文印刷讀物。她一邊摸著一本盲文動物故事書，一邊回憶著自己腦海裡的單字。當她發現自己能夠理解這本童話書的內容時，非常興奮。

有天晚上，安妮來到海倫的房間，看到海倫抱著一本盲文童話書睡著了。第二天早晨，安妮

問海倫為什麼要抱著書睡覺，海倫在安妮的掌上寫著:「童話書哭了，它不願意回到書櫃裡，它要和海倫在一起。」安妮笑著告訴海倫:「書應該在書櫃裡睡，就像海倫應該在床上睡一樣。」類似這樣的日常教育，使海倫的學習就像吃著棒棒糖，一口一口的細細品味。安妮擔心海倫從不停止的求知欲，會讓她太過勞累，所以常常帶著她到外面散步，讓海倫透過觸摸大自然的一切，增加感性的知識。

在那個花香樹綠的夏天。安妮差不多每天都領著海倫，到離家不遠的田納西河邊去散步。她們坐在柔軟的草地上，聞著空氣裡清爽的味道，聽著附近田野裡農民的歌聲，享受著寧靜美好的大自然。安妮給海倫講述大自然帶給人類的各種恩惠；講解萬物生長與陽光雨露的滋潤；講解每

一個弱小的生命，如松鼠和螞蟻是怎樣頑強的求生並快樂的生活著；還有在四季更替中，萬物又是怎樣的來而又怎樣的去。這些簡單又深奧的談話，令海倫對大自然充滿了感恩和美好的嚮往。

安妮一方面教導海倫，從觸摸樹枝和花草等來感覺大自然的溫暖親切，另一方面，又會在偶遇的狂風暴雨中，讓海倫親身體驗大自然的可怕力量，讓她記住大自然美麗溫和及嚴酷冷峻的兩種面貌。

一天下午，安妮和海倫在花園的樹蔭下讀書，海倫被燠熱的陽光曬得受不了了，便用手指在安妮的手上拼寫著：「老師，太陽不是個好孩子，妳快點讓它睡覺吧。」「啊，太陽真是個壞孩子呀，它使老師嗓子又乾又渴，好孩子海倫去幫老師拿杯水來吧。」安妮回答海倫。「哎呀，好孩子

海倫的腳累了，正哭著說，哪裡也不想去呢！」海倫機靈幽默的回答，逗得安妮笑個不停。「這個小海倫，又淘氣又機智，連我也對付不了她了。」安妮自言自語的說著。幾天後，海倫用點字盲文，給她的表哥約罕寫了一封信:「海倫寫信。安妮老師如果知道我會寫信了的話，一定會送我蘋果吃的，叔叔也會送我點心吃的。媽媽又給妹妹做新衣服了吧！」信雖然寫得簡短，但可以讀懂海倫要表達的是什麼意思。

　　從3月安妮到來，到現在短短的幾個月裡，七歲的海倫已經可以寫信了。安妮看著海倫的信，沉浸在無比的喜悅中。進入文字的世界後，海倫的成長、進步，往往令周圍的大人們驚嘆不已。

　　隨著時間的流逝，海倫對外在世界的好奇心越來越大，每天

都會向安妮提出很多疑問：「為什麼天會下雨？」「是誰把太陽燒熱了？」「花草樹木是吃什麼長大的？」「是誰把小雞裝進雞蛋裡的？」可見海倫雖然看不到也聽不見，但她幼小的心靈已經對自然萬物產生了濃厚的興趣。安妮一邊欣喜海倫對自然事物的思索，一邊也鼓勵海倫多觸摸、瞭解身邊的動植物。

安妮在海倫的寢室窗臺上，擺了一盆百合花，要海倫負責每天給花澆水，藉此讓海倫能天天感觸到花的成長。她還放置了一個陶罐，裡面養著許多昆蟲，讓海倫感受牠們的生命力。有一天，安妮在二樓的房間裡，看到海倫正在花園裡忙著挖土。「這個機靈古怪的小頑皮，她要幹什麼？」安妮急忙來到海倫身邊，「海倫，妳在玩什麼遊戲呀？」「老師，我不是在玩遊戲，我想

把布娃娃埋在土裡，讓它長得比老師還高。」大半被埋在土裡的花布衫娃娃，已被弄得全身髒兮兮了。原來，海倫以為布娃娃也會像花草一樣，埋在土裡就能長大呢。

安妮覺得海倫的想法既天真又有趣，便帶著她去院子裡的養雞房，正巧有小雞從蛋裡破殼而出。安妮讓海倫摸著剛孵化出來的小雞和破碎的蛋殼，感覺小雞誕生的生命過程。海倫知道了小雞出生的過程後，馬上聯想著問安妮：「小豬的蛋在哪裡呢？」令安妮頓時不知如何回答。

海倫和安妮還常去河邊散步。在河邊，安妮用鬆軟的泥土，堆起了地球的模型，為海倫講述地球的形狀及火山、冰河等種種自然現象。這些生動可摸觸到的遊戲，令海倫心花怒放，開心的陶醉在半遊玩半學習中。不

論是粗淺的植物學或生物學，安妮總是透過這樣生動有趣的教學方式，帶領著海倫走進知識的世界。海倫在喜悅和驚奇中，漸漸感知到世界上一切的美好。

　　從今以後，被病魔拋入黑暗深淵的海倫，不再是孤獨的一個人了。雖然依舊聽不見大自然的雷鳴風號，看不到花開葉落的美景，但在安妮的引領下，海倫正一步一步的深入文字世界裡，感受著知識的芬芳。她不僅學會用盲文讀書，用手指拼寫代替說話，用手感觸代替傾聽，而且還學會了用鉛筆寫字，並開始學習布萊爾盲文——「盲聾啞通用文」，掌握了用文字來表達自己思想和感情的能力。不論是坐在房間裡學習，還是走到田野間傾聽、觸摸，海倫都能在不斷的求知中，發現自我，改變自我。

　　在安妮來到前那五年多的黑

暗日子，海倫是個失去笑聲與歡樂的孩子。是安妮教給她愛，教會她笑。為了讓海倫重新回到有歡笑的日子，讓海倫理解笑的含義，安妮在一個午後，大聲笑著進到海倫的房間。她邊笑邊拉起海倫的手，觸摸自己的嘴型和震動的喉肌，把正在讀書的海倫嚇了一跳，不明白安妮在和她玩什麼遊戲。安妮在海倫的手心寫上：「笑」，又抱起海倫放到床上呵癢，海倫忍不住笑了起來。然後安妮不停的在海倫手上寫著「笑」字。師生兩人的笑聲傳到樓下，亞瑟和凱蒂夫妻倆被海倫發自內心的笑聲，感動得熱淚盈眶。「啊，又可以聽到女兒歡樂的笑聲了。這是真的嗎？這是真的嗎？」兩人不禁快樂的抱在一起。

有一天，海倫讀著盲文版莎士比亞的十四行詩，突然摸到了

「愛」這個字，她跑去問安妮：「什麼叫愛？」安妮用手指著海倫的心說：「這裡叫愛。」海倫連忙用手摸著自己跳動的心臟，不解的搖晃著小腦袋。海倫把桌上花瓶裡的紫羅蘭放到安妮的鼻前，在安妮的手掌上拼寫著：「花香是愛嗎？」「不是。」安妮搖頭否定。

「那是太陽嗎？」海倫指著陽光射來的方向。「不是。」安妮還是搖頭否定。海倫困惑了，她記得安妮曾告訴過她，因為太陽，人們擁有了光明的世界。因為太陽，大自然的萬物才能生長。太陽是多麼了不起呀！如果它不是愛的話，還有什麼能被稱為「愛」呢？

海倫苦苦的思索著、自問著。她手中抓著一把珠子，用線穿著玩。房間裡剛才還暖洋洋的陽光，突然被烏雲遮住了，海倫感到了一絲寒冷。她再問安妮：

「愛到底是什麼呢?」安妮回答說:「愛像飄動的雲，人們摸不到它，但卻可以通過絲絲雨水感覺到。正因為來自雲的降水澆灌，大地才充滿生機。愛也是這樣，它無所不在又遙遙在上，讓妳可以時時感受到，卻無法摸到。愛是快樂和幸福，沒有愛的人就沒有快樂和幸福，沒有愛的人就沒有感動，沒有生命的喜悅。」啊，原來是這樣！海倫心中的迷惑被安妮解開後，感覺到無數雲朵飄浮在自己的心中。

　　海倫長大後，回憶起童年的學習過程時這樣寫道:「每個老師都能把孩子們領進教室，但不是每個老師都能使孩子們學到真正的東西。我的老師與我相親相愛，密不可分。我永遠也分不清自己對美好事物的理解，有多少是自己內心固有的，有多少是老師賜給我的。安妮老師已經成為

我的一部分，我是沿著她的足跡前進的。我生命中所有美好的東西，都屬於老師。我的才能、我的抱負、我的快樂，都是老師用愛教化而成的。」

經過安妮幾個月來的指導，海倫的學習有了飛躍的進步，任性和暴躁的脾氣也改了不少。但是，因為多年來父母及家人的憐憫和寵愛，亂發脾氣的個性還是不能根除，偶爾會發作一次，畢竟她還是個無法完全自律的七歲孩子呀！

有一天，安妮正在二樓的房間裡忙著，突然，從樓下傳來海倫尖銳的哭聲。「怎麼啦？海倫碰到什麼了？」安妮一邊想著一邊慌忙趕下樓去，只見客廳裡，海倫正像一頭暴怒的小獅子，對著家傭巴妮拳打腳踢。「快住手。」安妮急忙上前按住海倫的雙手，將她從巴妮的身邊拉開。

　　天哪，多麼可怕，海倫好像又回到了四個月前，安妮剛認識的那個小惡魔的樣子。安妮緊緊抱著海倫說：「告訴老師，妳為什麼要發這麼大脾氣，為什麼這樣對待巴妮？」海倫氣急敗壞的哭著，在安妮的手心拼寫著：「巴妮壞，巴妮壞。」家裡的人都被海倫的哭鬧聲嚇得跑過來看，凱蒂也急切的問巴妮：「這到底是怎麼一回事？」巴妮一邊整理著被海倫撕爛的圍裙，一邊啜泣的回答：「小姐拿廚房裡的玻璃杯子裝碎石玩，我怕杯子破掉會割傷她的手，就把玻璃杯子拿開。誰知道，她就生氣的朝我打來……怎麼會這樣，怎麼會這樣……。」巴妮有些不知所措的看著還在哭泣的海倫。

　　原來是這樣。安妮的心中充滿了無奈，把海倫領到了二樓的房間。面對著眼前這個滿臉淚水

的小海倫，安妮心頭掠過一絲悲哀，她難過的搖了搖頭。之前那個亂發脾氣、亂摔東西的小惡魔，又浮現在安妮的腦海裡。四個月來，自己花費大把心血，慢慢的教導缺乏教養的小海倫，總希望她能改變惡習，成為心地善良的小天使，可是，海倫的心中還是有惡魔的影子。如果海倫做錯事的時候，有人能及時糾正她的話，她的人生就能充滿光明和快樂，不然，一味放縱她任性驕橫下去，只會使她自暴自棄、痛苦一生。「我一定要告訴海倫，什麼是對，什麼是錯！只有這樣，才能把海倫從惡魔的手中完全奪回來。」

正當安妮在心中默默的祈禱的時候，海倫跑過來，坐到安妮的膝上，摟著安妮的脖子撒嬌。此刻的海倫，完全是個可愛溫和的乖女孩，絲毫看不出她就是剛

剛那個又哭又叫的小惡魔。安妮看著懷裡的海倫，想著:「或許海倫是個好孩子，巴妮不該強行拿開她的玻璃杯子。可是，不論發生什麼事，海倫都不該那樣狂暴的對待別人呀！我必須讓海倫知道自己錯在哪裡。」

　　想到這裡，安妮推開想要親吻她的海倫，在海倫的手掌上寫著:「老師不喜歡粗暴待人的壞孩子。」海倫第一次被安妮拒絕，吃驚的望著安妮，馬上在安妮的手上寫著:「海倫是好孩子，是巴妮壞。」「但是老師看到海倫踢打巴妮，是海倫傷害了巴妮，老師不想和這樣粗暴的孩子親吻。」安妮懇切的將自己的想法告訴了海倫。海倫有些氣惱又有些緊張的愣住了。過了一會兒，海倫感覺老師真的生氣了，於是拿來點心和布娃娃想逗安妮開口。安妮知道海倫此刻的心情仍然很矛盾，

還不能面對自己的過錯，於是在海倫的手上寫著：「妳去玩吧，好好想想剛才發生的事。」海倫拿著布娃娃，不情願的離開了安妮的房間。

午餐時，因為上午發生的事，安妮心情沉重，沒有食欲，也就沒去餐廳吃飯。海倫用手摸到飯菜都涼了，但安妮還沒下來吃，就跑上樓叫老師吃飯。安妮說：「我吃不下去。」海倫讓傭人把甜點和湯拿來給安妮，也被安妮止住。「老師因為心裡難過，什麼也吃不下、喝不下。」海倫知道安妮為什麼這樣說，突然撲到安妮的懷裡哭了起來，安妮也忍不住流下淚水。她把海倫緊緊的摟著，海倫邊哭邊在老師的掌心寫著：「從明天起，我要做個好孩子。」「那妳願意去向巴妮道歉嗎？向巴妮說上午踢打她的行為是錯的？」安妮在海倫的手心上緩

緩的寫著。海倫點頭答應。安妮便帶著海倫來到廚房，向巴妮道歉。巴妮喜出望外的親了親海倫的小臉蛋，於是，兩人又開開心心的和好了。海倫的淚水，沖掉她內心的戾氣。望著眼前新生的、天真善良的小海倫，安妮和凱蒂不由得會心一笑。她們知道，在文字的花園裡，海倫又成長了，收穫著。

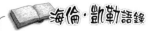
海倫‧凱勒語錄 ＊雖然我的身體中有很多缺陷和遺憾，但我可以用更多的方式，觸摸到這個多姿多彩的世界。

觸摸世界

　　又經過半年多的盲文學習後，海倫已經可以借助活字打字機和普通人進行交談了。因為海倫對知識的渴求急切，安妮覺得應該讓海倫走出家門，到外面的世界和更多同齡的孩子們接觸，進行交流學習。於是，安妮和母校帕金斯盲人學校聯繫，打算帶海倫到那裡去參觀訪問，以開闊視野、結交朋友。

　　由於安妮辛勤的努力和獨特的教學方式，使得海倫的進步相當神速，這些佳話早已傳回帕金斯盲人學校師長們的耳裡，老師們都期盼著能早一點看到海倫和安妮。因為在安妮去海倫家前，大部分的人都不敢相信，安妮能把一個盲聾啞的小女孩教育得很好，還可以用盲文跟別人自由交

流。安妮將不可能變為可能的成就，令大家既好奇又讚賞。

1888 年 5 月，快滿八足歲的海倫和母親、安妮一同啟程，前往波士頓的帕金斯盲人學校，參加那裡的學生畢業典禮。與上次的旅行相隔已兩年了，但這次的旅行卻是完全不同的心情，是一個新生的海倫，去面對世界，觸摸世界的人生之旅。海倫在自傳裡這樣寫著：「我把波士頓看成世界之始，也是世界之末。我幾乎不能相信除了這裡之外，還有其他更廣闊的世界。」

不過是兩年前，當時的海倫還是個完全無法與別人交流，任性孤僻的女孩，現在卻已能透過盲文與別人自由交談，這樣巨大的改變，怎能不令人驚訝！更明顯的變化是，海倫懂得做人的基本禮節和做一個好孩子的道理，在漫長的火車旅程中，她安靜的

坐在母親和安妮的身邊，不哭不鬧，或者讀書，或者與安妮比手劃腳，談論沿途的感想。通過安妮與母親的轉述，海倫看到了車窗外的廣闊世界：寧靜的田納西河、無盡的棉花田園、高低起伏的丘陵、翠綠茂盛的森林、火車月臺上叫賣爆米花的小販……，美麗的大自然，令小海倫陶醉在對未知世界的美好憧憬中。

火車抵達波士頓，帕金斯盲人學校的安納諾斯校長和老師們，早已在車站熱情的等候海倫一行人。大家和小海倫親切的握手擁抱，校長安納諾斯更是歡喜的將小海倫抱了又抱。來到學校後，海倫馬上和這裡的學生們交上了朋友。在家裡，海倫每天只能和安妮交談，但在帕金斯，海倫卻能自由自在的和同齡的孩子們，用自己的語言交談，這使得她特別興奮。與這些和自己一樣

看不見、聽不到的小朋友們，互相在彼此的手上寫字，天真單純的大笑，無憂無慮的玩耍，海倫彷彿回到了屬於自己的國度——盲童的家園。

在帕金斯盲人學校的畢業典禮上，安妮站在臺前，向臺下的老師和學生們，演講自己對母校的回憶與感謝。接著，她拉起海倫的小手，對大家說:「站在臺上的這個八歲盲童少女，會向你們說什麼呢?」說完，靜靜的望著海倫。海倫先用左手摸讀著講臺上一本打開的詩集，再將手用力的舉起，在上方緩緩的比劃著，安妮再將海倫比劃的詩句，清晰明白的解讀出來。師生二人默契十足的表演，令臺下的觀眾簡直不敢相信。安靜、感動，接著便是源源不絕的掌聲。

在帕金斯盲人學校裡，海倫最喜歡去的地方就是學校的圖書

館，那裡擺滿了海倫能閱讀的盲人點字圖書。每天，海倫都如飢似渴的坐在圖書館的閱覽室裡，啃讀著各種各樣的書。關於在帕金斯盲人學校度過的日子，海倫在日記裡曾寫過:「完全是驚喜的每一天，親身感覺觸摸一個真實世界的心情。」

在波士頓停留的期間，海倫第一次乘船去普利茅斯，這也是海倫出生以來第一次的海上之旅。海倫反覆的觸摸岸邊那塊刻有 1620 年字樣的岩石，感悟著早期從英國移民新大陸的艱辛。為了維護心中的宗教信仰，人們可以背井離鄉，不畏艱難的踏上尋找自由的新大陸。後來，對於海倫自身來說，宗教信仰成了她生命中的光明之燈。

在帕金斯盲人學校放暑假之前，安妮和好友霍布舍夫人安排海倫到布魯斯特海濱度假。在那

裡，海倫聽到了有關大海的種種神奇傳說。不論是平靜時的海，還是狂暴時的海，都對海倫充滿著吸引力。大海，啟迪了海倫新的生命思考。當海倫親手觸摸到海水時，她感受到了洶湧澎湃的波濤，讓她快樂得驚喜顫抖。當一波小海浪把她從站立的礁石上捲到海水裡時，海倫突然感覺到腳下沒有了堅實的大地，身陷在一個沒有溫暖和愛的冷漠世界裡。海倫在驚恐中奮力的爬上岸邊，撲到安妮的懷裡，剎那間，人間的溫暖令海倫銘刻在心。

在波士頓短暫停留的幾個月，海倫結識了不少朋友。其中威廉‧韋德先生和他的女兒，令海倫終生難忘。海倫曾把波士頓稱為「好心城」，就是因為和藹可親的韋德先生在那裡的緣故。由於波士頓給海倫留下了很好的印象，後來每個冬季，海倫都在

那裡度過。

　　早秋時節，海倫和安妮回到了南部阿拉巴馬州的家裡。幾個月的波士頓之旅，是海倫新生活的開始。她親身感觸到了一個全新的美麗世界，一個令人興奮不已的知識寶庫。在與那麼多人的接觸交流中，海倫深深的感到，自己原來與他人之間的封閉荒園裡，好像一夜間開滿了萬紫千紅的鮮花。靈魂像一隻愉快的小鳥，唱個不停。即使跟家人去鄉間別墅度假，她的身心也沉浸在新世界的喜悅中。秋天的山居日子，海倫被陣陣的松香包圍著，感受營火旁大人們的聊天趣談、和妹妹去果林裡採鮮果、看書、騎馬等，日子甜蜜又愉快的飛馳而過。

　　自從學會了用手指拼寫與人交流後，海倫看到的世界驚奇不斷。但海倫漸漸已不滿足只是用

手與別人交流，她思索著：怎樣才能像正常人一樣，用聲音與別人交談呢？如果那樣，一定能夠更清楚的向別人傳遞自己的想法，並能更快速的理解對方的語意。

1890 年，海倫十歲的時候，開始了發音說話的訓練。在這之前，她時常把一隻手放在喉嚨上，一隻手放在嘴唇上，發出一些聲音來。她對什麼聲音都感到好奇，或去觸摸鋼琴鍵盤，或去觸摸家人的喉嚨，感覺聲音的振動。

自從兩歲的那場高燒後，隨著眼盲和耳聾，海倫就不曾再開口說過話，臉上的肌肉也變得僵硬。雖然她偶爾也會「啊、啊」的發出聲音來，但也只是本能的反應，連她自己都不清楚是要表達什麼。

當手語交流不能滿足要表達

的意思時，海倫說話的欲望就越來越強烈了。「我要說話，我要用聲音和世界交流。」她在心中吶喊著。

1890 年，帕金斯盲人學校的老師拉姆森夫人，從歐洲歸來後，前往海倫的家來看望她。拉姆森夫人告訴海倫，在北歐的挪威，有一個和海倫一樣又聾又盲又啞的女孩娜布，已經學會說話了。海倫知道這個消息後，情緒激昂，急切的對安妮和家人表示，自己一定也要學會說話。安妮對海倫的決心不僅贊同，並馬上與波士頓的霍勒斯聾啞學校聯絡，校長富勒小姐接到請求後，答應親自擔任海倫的發音老師。喜出望外的安妮和海倫，馬上動身前往波士頓。

富勒小姐是位和藹可親的老師，她熱情的接待了海倫和安妮。從 3 月 26 日起，海倫開始跟

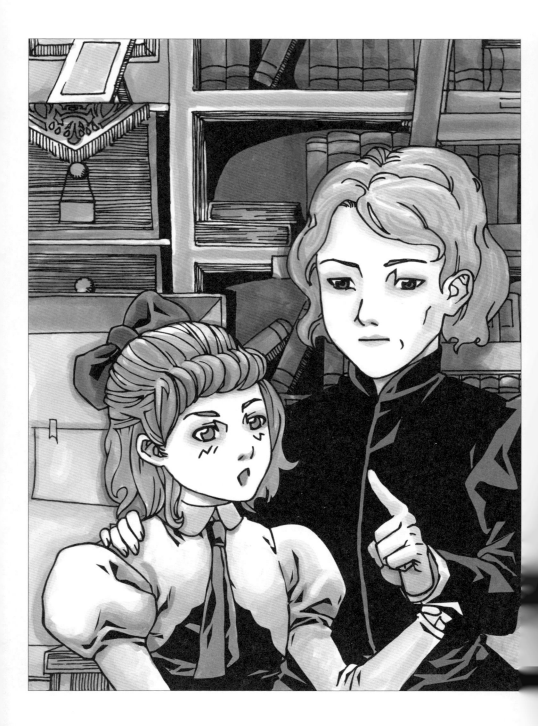

她學習說話。皇天不負苦心人，在富勒老師的教導下，海倫終於可以連貫的說出「天氣很暖和」的短句。驚喜、狂歡、感動，一股神奇的力量，將海倫從失語的枷鎖中解放出來。從此，海倫可以用這些斷斷續續的短句，來和世界交流了。

　　雖然，海倫僅僅是掌握了簡單的基本說話要領，而且只能含糊的發出細弱的語音，但對海倫來說，這表示她已經握住了開口說話的鑰匙，她要用這把鑰匙，去開啟語言交流的大門。

　　安妮夜以繼日的陪著海倫練習發音，這對海倫和安妮來說，都是極艱苦的試煉。練習、練習、練習，常常為了一個字音，要反覆多次好幾個小時的練，一天下來，兩人都疲倦不堪。但意志頑強的海倫，絕不妥協。想到可以和家人自由自在的交談，讓

所有關愛自己的親朋好友驚喜自己的進步，海倫就會信心十足的苦練下去。

轉眼到了夏天，安妮和海倫結束了在波士頓的說話訓練，踏上了返鄉的旅途。海倫恨不得能插上翅膀，馬上飛回家裡。火車上，海倫不停的用嘴和安妮交談著，唯恐一時不張口說話，就會再被關進沉默的世界。「看到爸爸媽媽，我第一句的問候該說什麼才好？我要給妹妹講個什麼故事？」想到這些，海倫簡直坐不住了。

火車慢慢的駛進塔斯甘比亞小鎮，海倫剛下車，就被母親一把摟抱在懷裡。海倫一字一句的向父母問好，凱蒂歡喜的流著淚水，妹妹快樂的拉著海倫的手，又親又吻，一直默不出聲的亞瑟，臉上也掛著幸福的微笑。全家人沉浸在久別的團聚中。這是

個值得紀念的日子，她可能終生都是盲聾人，但她不再是啞巴了。海倫將用自己細弱的語音與人們交流，去擁抱世界。

有了與別人語言交流的能力和自信後，海倫便將自己的雙腳，一步步的邁向了外邊的世界。1893 年，海倫與安妮去華盛頓旅行，出席了克利夫蘭總統的就職演說典禮，然後又踏上了尼加拉大瀑布之旅。當海倫站在瀑布邊，感覺著迫人的水勢時，她的心與大地一同震動著。大自然的力量洶湧澎湃，如同宗教，如同愛，可以沖蕩洗滌人類的心靈。

夏天的時候，海倫和安妮在貝爾博士的陪同下，參觀了世界博覽會。兒時種種的美麗幻想，展現在海倫的面前。她用手觸摸著展覽品，感悟著人類智慧的結晶。在萬國館陳列的模型裡，海

倫觸摸到了各種新奇的事物。有曾在書中讀過的印度佛像，有古埃及的金字塔和駱駝，還有威尼斯的環礁湖。

海倫還被一艘 17 世紀的海盜船給吸引住了。不論是風平浪靜，還是狂風暴雨，船上僅有的一個水手都勇往直前，不屈不撓的喊著:「我們是英雄，與大海搏鬥前進著!」人生猶如在命運的大海中航行，只有充滿堅定的信念和勇氣，才能抵達勝利的彼岸。海倫學到了在書本上沒有學過的東西，堅定了對未來的信心。

三個星期的博覽會參觀活動，通過觸摸和各種解讀，使海倫從童年天真夢幻的想像世界，走進了真實的歷史與現代的社會中。她打從內心向觸摸到的世界，發出了真誠的感嘆:「我愛我們的世界!」

1893 年 10 月，參觀完世界博

覽會，海倫回到家，經過短暫的休養後，便跟著安妮開始每天在固定時間裡讀書學習。「我要學習，我要更多的知識！」十三歲的海倫踏上求知的漫長旅途。

海倫‧凱勒語錄

＊我時常自勉的一個目標是：我要在有生之日，盡力去學會自立。在可能的範圍內，盡量不給別人增添麻煩。從宗教的視角來看就是，帶著微笑背負起自己的十字架。面對險惡的命運，不是乖乖的投降，而是想辦法去戰勝它。

5 求知與追夢

　　1894 年 10 月，十四歲的海倫在安妮的陪伴下，前往紐約的萊特──赫馬森聾啞學校學習。之所以選擇這所學校，主要是因為這是一間能為聾啞人士提供發音和唇讀訓練的學校。此外，還能同時選修其他科目，如數學、自然、法語、德語等。海倫在萊特──赫馬森學校讀書期間，德語的成績最好。一方面是因為德語老師略懂手語，能和海倫溝通。另一方面，也是海倫對德語的興趣濃厚。僅僅學習幾個月的時間，海倫就能與老師用德語交談了。她的語言天分，令德語老師由衷的讚賞。

　　才經過一年，海倫就可以自由的閱讀德語文學作品了，同學們也對海倫刮目相看。雖然在學

習法語上，遇到了比較多的困難，進度也較緩慢，但經過一年多的學習，海倫也可以一邊查字典，一邊讀法語文學作品了。對於一個盲聾啞的少女來說，每開啟一道語言的枷鎖，她的世界就更開闊了一些。這也讓刻苦用功的海倫感覺到，努力的付出，必有驚喜的回報在等待自己。

其實，每個科目的學習，對海倫來說，都是對自我毅力的艱難挑戰。缺乏語言學習條件的海倫，竟能通曉其他語言，這不能不說是一個奇蹟——一個挑戰生命的奇蹟。但海倫對每門功課的學習，並不是都這麼順利。例如她對艱難的數學，就學得非常吃力。嚴謹的邏輯思維，使海倫對數學的學習望而生畏、裹足不前。而在練習發音與說話方面，也並沒有像她想的那麼簡單。海倫的學習熱情也因此忽高忽低。

　　海倫是個自信心很強的女孩，她以為只要自己刻苦努力，就一定能和別人一樣，靈巧自如的說話，何況還有安妮在身邊時時鼓勵著。但是，求知的旅途並不是坦蕩平順的，也不是想跨過障礙就能馬上跨過的，我們總是在希望與失望的進退中走向目標。當海倫碰到學習上的困境時，她的做法就是先朝自己感興趣、進步快的科目上去努力。例如：海倫對自然、地理學科有濃厚的興趣，她就經常大量的選讀這方面的書。在閱讀中，也會自問自答的對自己說：風原來是這樣颳起來的、水原來可以蒸發成雲、山是這樣被造成的。自然的萬物，生命的起源，驚天動地又井然有序。人類文明與自然文明在相爭相伴中所發生的一切，都給了海倫許多的啟發。

　　在紐約學習期間，海倫和安

妮每天必去的中央公園，是海倫最喜歡的地方，也是她可以從書本上的學習走向現實，親自觸摸體驗的最好的自然學科教室。青草的氣息，泥土的芬芳，松鼠的跳躍，這一切都令海倫在自然的感動中渾然忘我。她們還常到哈德遜河上泛舟蕩漾、去西點軍校參觀、走訪華盛頓等人的故居。在自然景觀和人文歷史的知性之旅中，認識一個個未知的世界。

在萊特──赫馬森學校差不多兩年的學習期間，由於每位老師的耐心指教和誘導，使海倫克服了感官不足的缺陷，接受到了與普通人一樣的基礎教育。這為海倫後來的求學之路，打下了堅實的基本功，也讓她在心中升起了追夢的自信。

「我要上大學，我要走進哈佛校園。」海倫的哈佛之夢越來越強烈。海倫要上大學的夢，早在

幾年前就對好朋友透露過。這個念頭，隨著年齡的增長和知識的加深，日漸根深柢固。這是一個不可動搖的信念，是海倫對命運又一次的挑戰。周圍的親朋好友都為海倫這個強烈的哈佛夢而震驚，因為哈佛大學是美國名門大學中，最難考進的學校，是多少青年學子夢寐以求的學校，也是多少人想也不敢想的夢。更何況海倫的身體狀況與常人相去如此之遠。

　　在眾人的勸阻中，只有安妮堅定的站在海倫這一邊。她充滿信心的對那些關愛呵護海倫的朋友們說:「我知道海倫不可能完全恢復到和常人一樣的體質，她雖眼盲耳聾又有語言障礙，但這些生理上的缺陷，不能阻止她擁有與普通女孩子一樣追夢的勇氣。或許在別人眼裡，她是一個身體不自由的人，可是，她與正常人

一樣，和你們當中的每個人一樣，體內潛藏著可以無限伸展的夢想。有志者事竟成，我相信海倫，也請你們相信她。」

1896 年 10 月，在安妮的陪同下，海倫前往劍橋女子中學讀書。這是通往哈佛大學，實現夢想的一條可行之路，也是一條艱難遙遠的苦學之路。一年級的課程有英國史、英國文學、德文、拉丁文、拉丁文寫作、數學等許多科目。面對如此繁多的學習課程，海倫沒有退縮。雖然這裡的老師上課時，沒有對海倫特別的照顧，但海倫靠著同堂上課的安妮手語翻譯，手摸老師嘴唇來理解、消化每一堂課的內容。因為在課堂上無法抄筆記，海倫就在課後用盲文打字機寫作業和複習。這樣的學習日復一日，複雜又枯燥，箇中的辛苦實在無法形容。但海倫把每天的學習，當成

了走向哈佛大學的必經之路，她沒有怨言也絕不妥協，倔強的向著既定的目標前進。

雖然在劍橋的學習生活很艱苦，但海倫能感受到和同齡女孩朝夕相處的樂趣。她們不僅同吃同住還同玩，一起討論功課，朗讀詩文。即使偶爾安妮不在場，海倫也可以自在的和同學們談話交流。後來，妹妹也來到劍橋女子中學讀書，更增加海倫學習的樂趣。有一天放學後，海倫和同學們正在學校附近的公園裡玩耍，安妮突然匆匆的跑來，抓住海倫的手，把她拉到樹林中才停下來，撫摸著她的頭說：「海倫，不要緊張，靜下來聽我說。剛才收到妳母親的來信，妳的父親亞瑟突然病逝了。」海倫的腦袋一片空白，這突然的巨大悲痛，令她呆住了。

那麼可愛的父親，總是讓家

人、朋友充滿笑聲的父親，怎麼會逝去了呢？難道真的再也見不到他了嗎？想著想著，兩行熱淚從眼中滾滾流出。海倫搖著頭，聲嘶力竭的喊著:「爸爸，你為什麼走得這樣早，這樣匆忙？為什麼等不及分享女兒夢想成真的喜悅!」海倫終於忍不住，伏在安妮的懷裡痛哭失聲。「海倫，妳盡情的哭吧，為了妳的父親，妳要努力實現自己的夢想，這比什麼都令妳父親高興。」安妮輕輕的拍著海倫的肩膀，安慰著海倫，也悄悄的擦去自己的淚水。

當時美國哈佛大學的入學考試，有初考和終考兩次。初考合格後，才有資格參加終考，通過終考後，就可正式成為哈佛的學生。1897年6月，海倫參加了哈佛大學女子學院──德克利夫學院入學考試的初考。在全科目「德語」、法語、拉丁語、英語、

希臘語、羅馬史」的九個小時的考試後，獲得了全科目及格和德語、英語雙優的好成績。按照原定的學習計畫，海倫應該還要在劍橋女子中學學習五年，再準備報考哈佛大學的終考。但海倫因為第一年考試的好成績，自信大增，想縮短準備考試的時間。經過不斷的努力，1899年6月，海倫參加了哈佛大學德克利夫學院入學考試的終考。為期兩天的考試裡，包含了初級希臘文、高級希臘文、高級拉丁文、幾何、代數等科目。雖然幾何和代數給海倫帶來了很大的困難，但她最終仍跨越了所有的障礙，順利的通過終考，如願考進了哈佛大學。

然而在親友的建議下，海倫又自學進修了一年。直到1900年的秋天，年滿二十歲的海倫，才終於跨進了哈佛大學。圓了少年時代的哈佛夢想。海倫在自傳裡

記述了入學第一天的心情：「這是我人生中最有意義的一天。對於這一天，我曾經懷著無限的憧憬和期盼。我知道，在今後的學習中，將會有許多困難和障礙阻擋著我，考驗著我的毅力和耐力，但我有決心去克服它們，有信心跨越過去。我始終銘記著一句座右銘——『被驅逐出羅馬，只不過是生活於羅馬之外而已。』我所走過的求學之路，雖然不是平坦的康莊大道，但經過了孤獨荒涼的崎嶇山路，我終於還是走進了哈佛大學。我有信心和勇氣，在哈佛校園裡學有所成，與同學們一起完成學業。」

　　哈佛大學對海倫來說，是一個充滿魅力與夢幻的新世界。幾年來，為了實現自己的哈佛之夢，海倫在苦學中度過了常人難以想像的枯燥日子。自強堅毅的海倫相信，她用雙手敲開了哈佛

的大門，也同樣有能力把握自己的命運，去征服這所全美最高學府內各科知識的難關，與身體健全者一樣，擁有自由的心靈世界。

在安妮的伴讀下，海倫開始了大學生活。為了集中精力在學業上，海倫忍痛暫時放棄了很多喜愛的活動。她安慰自己：「現在的努力學習，是為了將來享受更好更多的人生快樂。痛苦的後面必是快樂！」

大學第一年的學習，海倫選修了法文、德文、歷史、英文寫作和英國文學。她讀了大量的近代歐洲文學作品，並且仔細的反覆讀著羅馬帝國興亡史及歐洲史。海倫在學業上總是能取得好的成績，這與她不服輸的性格有關。剛開始學習時，也曾讓海倫困惑不已，因為有些教材，沒有專為盲人設計的點字版，坐在教

室裡上課，雖然有安妮在旁邊陪讀，將老師的講課內容快速的拼寫在她的手上，但海倫常感覺時間不夠用，只能機械式的硬記。因為忙著用手「聽」課，無法分心作筆記，只好等下課回家後，靠回憶來完成作業。所以，坐在教室裡的海倫，內心常常感覺孤伶伶的。

別的同學只需用十分鐘就能完成的作業，海倫則要花上幾個小時。她也曾為此感到不平，覺得犧牲太多的時間和精力來寫作業，以至於沒有時間去思考，沒有時間享受外面燦爛的陽光。但是，一這麼想，海倫就會給自己打氣，叫自己振作精神。她告誡自己說:「一個人要有真才實學，就必須去攀登奇山險峰。既然人生的道路沒有捷徑，只有不畏艱難，鼓足勇氣向前走，才能抵達目的地，才能在險峰品嘗無限風

光的喜悅。」

在哈佛四年的學習生涯中，海倫最不喜歡的，就是各種大大小小的考試。她曾在自傳裡寫道：「雖然我已經順利通過了許多的考試，把那些考試一個個打敗在地，但過段時間，它們又會向我撲來，嚇得我心驚膽顫。每次考試前的幾天，我都拚命的死記硬背各種符號和年代，好像被迫吃下了不喜歡的食物。當可怕的考試時刻來臨時，那些試題常令我緊張失措，千辛萬苦背住的東西，剎那間被緊鎖在腦袋裡出不來。於是，我只好對著試卷愁眉苦臉。」海倫曾把大學生活想像得浪漫悠閒，當她真正成為哈佛的學生後，才親身體會到求知的艱辛。

但海倫很快的就從浪漫回歸現實，發憤的學習新知。她曾感慨的說：「如果沒有這四年在哈佛

的學習生涯，我不會懂得求知之外更多的智慧。我們接受教育，要從容自信，敞開心窗，廣收多納，使學到的知識能像雨水一樣，把各種思想感悟灑到乾渴的心田。知識就是力量，知識也是幸福。因為擁有了淵博的知識，就可以分辨是非，把握自己的思路，掌握人類社會文明的發展和動力，領悟人類崇高的美好願望。從而懂得生命、感恩自然、珍惜一切。」

　　「知識就是力量！」這是海倫四年大學生活的感想，也是她對世人發出的真誠呼籲！正是因為這樣的感動感嘆，使海倫的校園生活充實又豐碩。大學期間，有雜誌社編輯被海倫不屈不撓的求學精神所感動，向海倫約稿連載她的成長經歷，這些連載文章受到讀者的熱烈歡迎，海倫便將這些文稿彙集，出版了自傳《少女

111

時代》，很受讀者們的讚賞。這本書記載了海倫從生病成為盲聾啞人，到走進哈佛讀書的個人經歷，許多文學評論家都給它很高的評價。海倫的名字和事蹟逐漸在全美傳開，也使她踏上了文學寫作的路程。

　　1904 年 6 月，哈佛大學的禮堂裡寧靜肅穆，這是一年一度的畢業典禮。海倫頭戴四方學士帽，身穿寬袖長袍，坐在最前排。校長布裡古斯先生親自在海倫的畢業證書上寫下賀詞：「海倫，妳以優秀的成績，完成了大學四年所有的課程，特別是英國文學專業上表現傑出。恭喜妳順利畢業並榮獲文學學士學位。」因為大家打從心裡敬佩海倫堅毅不拔的求學信念，當海倫走上講臺領取畢業證書時，全場響起了久久不停的掌聲。手捧著畢業證書的海倫回到座位後，含著眼淚對

安妮說：「多想讓父親看到這一天呀！母親如果能來看到的話，又會多麼高興呀！」安妮撫摸著海倫的臉，輕輕拉起她的手，久久不語。是呀，此刻躺在病床上的凱蒂，也一定很想親眼看到海倫在畢業典禮上的光彩呀！

　　海倫將從哈佛展翅飛向新的人生。

＊在哈佛的學習生活，我學到最寶貴的知識之一就是耐心。它使我明白了獲取任何知識，都要像在鄉間散步那樣，悠閒自得，從容不迫，敞開心扉，感受一切。只有這樣，獲取的知識才會像無聲的潮水，將無形的思想沖進心靈深處。

6 讀書與生活

　　海倫曾在自傳裡寫道：「文學是我理想的樂園。在這個樂園裡，我享有一切的權利。沒有任何感覺上的障礙，能夠阻止我和作者及作品人物的交流。」

　　海倫的成長過程與讀書是分不開的，她在七歲的時候，就曾完整的讀完一篇短篇小說。海倫愛書如命，因為讀書是她獲取知識的重要途徑。自從安妮走進海倫的生命中後，她就開始了讀書的知識之旅。

　　剛開始，海倫從安妮那裡，得到幾本盲文凸體版童話書。海倫每天都會通過安妮的指畫來聽故事，但海倫倔強的個性，讓她寧願自己用手觸讀喜歡的書。

　　海倫用纖細的手指，驚喜的觸讀著每一本童話書。其中自然

科普書《我們的世界》是海倫幼年生活裡，讀過最多次的一本書。書中描述的地球世界，常令她陶醉在幻想的世界之旅裡。這套盲文凸體版童書，連海倫自己也記不清總共翻看過多少遍，她只記得那上面的字都被摸得無法辨認了。

1888 年 5 月，海倫和安妮一塊兒去波士頓帕金斯盲人學校作客期間，海倫被允許每天可以自由的出入學校的圖書館看書。能夠摸觸到這麼多盲文凸體版的書籍，海倫驚喜若狂。她每天沉浸在書的叢林裡，讀著各種各樣的書，流連忘返。雖然對文學名作還不能完全讀懂，但海倫什麼書都願意讀。一知半解也好、囫圇吞棗也罷，她情不自禁的迷上了文字的世界。

因為年紀還小，不能集中精神讀長篇的書，海倫對許多書都

是拿來讀過幾頁就放下，再去讀別的，全部讀完的就只有《方德諾小伯爵》這本書。這是一本令海倫記憶深刻的童話故事。海倫與安妮在波士頓郊外的林間樹下，兩人悠閒的躺在吊床上，沉浸在方德諾的世界裡。書，成了海倫生活中最好的伙伴。

在往後的日子裡，海倫用手觸讀了大量的盲文凸體版書籍，如：《希臘英雄》、《聖經的故事》、《兒童英國歷史》、《魯濱遜漂流記》、《天方夜譚》等。不論是文學小說、歷史故事或是散文遊記，對海倫來說，書就是陽光，照耀著她的生活和生命。

雖然海倫承受著盲聾啞的三重疾苦，不能像那些耳目健康的孩子一樣去感受世界，但透過一本本書，她也同樣可以看到世界的樣貌。

長大後，隨著對各種語言的掌握，海倫讀書的範圍不斷的擴大。不論是英文、法文，還是德文、希臘文、拉丁文，她都能得心應手的去觸讀。

在眾多的類別中，海倫特別鍾愛自然科學和動植物方面的科普書，也喜歡歷史傳記。如：《叢林之書》、《我所瞭解的野生動物》等。每當讀這些書時，海倫都會童心大起，與書中的動植物們，一起頑皮、一起快樂、一起苦惱。

有關古希臘的歷史故事，也令海倫愛不釋手。在想像的世界裡，海倫會忘情的走進歷史的時空，與上古人物對話交流。在她純潔的靈魂殿堂裡，始終供奉著故事傳說中的神靈。不論是天女，還是亦神亦人的英雄，都完美得令她崇拜敬仰。

對於故事中那些醜惡殘忍的

怪物，海倫總是痛恨無比。著名的史詩作品《伊利亞特》和《奧德賽》，都是海倫反覆熟讀的書。每讀一遍，都令海倫的靈魂昇華一次。

海倫讀這類的文學史詩時，不喜歡透過詞典注釋導讀，她總是用自己的感觸，去理解書中的人物故事。不論是剛毅俊美的阿波羅神，還是英勇挺拔的阿基里斯，都成了海倫內心永恆不滅的石雕。

莎士比亞的作品也讓海倫留下了深刻的印象。許多故事與人物情節都令海倫念念不忘。《李爾王》中的情節——格羅賽斯特的眼睛被挖出後滴血的描述，令海倫驚恐萬分。如此悲慘的敘述，會讓海倫闔上手中的書，呆坐半天。她心中的喜怒哀樂與故事情節糾纏在一起：夏羅科、撒旦、猶大及魔鬼們，難道他們生

來就是醜惡的嗎？海倫對莎士比亞作品裡的眾多惡魔，充滿了憐憫也充滿了期望。她相信只要有人去拉他們一把，惡魔也會有變好的可能性。假如人類給惡魔改過的機會，世界會不會更好呢？善良的海倫從莎士比亞的作品中，走進了一個博愛世人的美好境界裡。

因為精通德文，海倫在青年時期，就讀過很多德國文學作品。其中對於女性力量的承認，令海倫興趣濃厚。她熟記《浮士德》中的一段描述：「人間的缺憾，終會成為圓滿。婦女的靈魂，引導我們永遠向前。」歌德優美至誠的文筆，深深的感動著海倫，即使隔世相望，她依然在燈下無數次的仰慕著這位偉大文豪的英姿。

除此之外，法國的莫里哀、巴爾札克、梅裡美，美國的馬

克‧吐溫等人的作品，都是海倫常讀的書籍。讀書，使海倫知道了人類文明的發展過程，知道了人類在各種改變中，延續下來的文明力量。在歷史的鏡子裡，海倫看到了人類的昨天和今天，她相信明天的世界會更美好。

對海倫來說，有關宗教的書最難懂費時。比如《聖經》這部宗教聖典，海倫在小的時候就很難理解書中的含意。長大後，隨著閱歷的豐富，海倫才慢慢的喜歡讀它。《聖經》中真、善、美的故事，深深的感動著海倫。她在自傳中寫道：「《聖經》給了我深厚的慰藉，有形的東西是短暫的，無形的東西才能永恆。」

海倫的童年與大自然的鳥語花香也是分不開的。

年少時，她就學會了划船和游泳，好動的性格使她一刻也不願待在家裡。她喜歡划著獨木舟

逆流而上，喜歡在月光下躺在小船上漂搖。每次與大人乘船出港，都令她興奮不已。她把出港遠行，當作生活裡一項快樂的享受。她喜歡撫摸花草，喜歡在林中散步，喜歡騎馬奔馳。海倫認為，大自然的點點滴滴，都是埋藏在人們心底的寶藏，只要用心去尋找，就能聞到花香，就能聽到水聲，不管是健康的正常人，還是盲聾的殘疾人，都有享受自然的靈能。

海倫從哈佛畢業後，就和安妮搬到鄉下居住，過著讀書寫作的寧靜生活。與大自然的交流，使得海倫的心中總是充滿陽光和花香，充滿慈愛與憐憫。她可以和周圍的孩子們一起打牌下棋，玩各種遊戲，也會帶著獵犬去林中散步冥想。

海倫也喜歡去博物館參觀，她被特許可以用手觸摸藝術作

品。不論是雕塑還是各種樂器，每一次的觸摸，都讓海倫萬分感動。

海倫有著神祕的第六感，她能在用手觸摸一個人的臉之後，感覺到這個人的感情和品性。當她觸摸古希臘英雄的石雕時，能感覺到愛與恨、勇敢與忠誠；當她觸摸維納斯的石雕時，在線條中，亦能感受到優雅與祥和的氛圍。所以，海倫覺得欣賞雕塑之美，手感比眼觀更敏銳透徹。

海倫還會去欣賞歌劇，去聽音樂會。凡是常人能享受到的樂趣，她都願意去嘗試。她從不因自己是盲聾人就自卑消沉，放棄享受生活樂趣的機會。她坦承自己的身體有缺陷，但絕不洩氣。她會利用各種機會去觸摸世界，感受生命的快樂。

海倫深深的相信，只要去尋找，就會看到快樂，就能讓生活

充滿意義。她的耳邊，始終回響著希臘女神的叮嚀：「忘我就是快樂！」

海倫·凱勒語錄

＊知識就是力量。應該說知識就是幸福。因為擁有豐富的知識，就可以分辨真偽，區別高下。掌握了人類進步的知識與成就，也就把握了人類發展的脈搏。如果一個人不能從這脈搏躍動中，感受到積極向上的渴望與努力，那麼他就不會真正懂得生命的美麗。

7　海倫的愛

　　海倫自出生到離世，在她一生坎坷曲折的道路上，始終享受著大家的關愛呵護。正如她在自傳裡所說的：「他們費盡心神，絞盡腦汁的把我的缺陷轉變成美好的特點，使我能夠在已造成的陰影中，自信而快樂的成長。」正是這些來自相識和不相識的人的友善關愛，才使得海倫的生命變得甜美幸福。不論是親情、友情，還是短暫的愛情，都令海倫終生難忘。在親情之愛裡，最令人感動的是來自海倫父母的憐愛。

　　海倫的父親亞瑟是個性格溫和、仁善寬厚的男人，也是個對家庭有著強烈責任感的好丈夫、好爸爸。他和妻子凱蒂用無私無盡的愛，為女兒編織了一個溫暖的搖籃，使海倫的童年充滿了快

樂和甜美。

在海倫生病的那段時間，亞瑟不分晝夜的守護在旁。大病過後，海倫失去了視覺與聽覺，亞瑟更是對她加倍的憐愛疼惜。不論海倫怎樣的任性、怎樣的亂發脾氣，亞瑟總是笑臉以對，從不生氣責備，反而用他那寬闊的臂膀，將海倫抱在懷裡安撫。他常領著海倫，到家中的花園散步玩耍，還摘下自己種的草莓和葡萄讓女兒品嘗，以致海倫長大後，對父親親手種的草莓的滋味，還始終念念不忘。

亞瑟不斷打聽哪裡有能治療盲聾者的名醫，只要有人介紹，他就不辭辛勞的帶著海倫去求醫，不管路途多遠，都在所不惜。他一心想要幫海倫找到希望，找回光明的人生。

當海倫跟著安妮學會寫字後，亞瑟就常常用手在女兒的小

手上，拼寫著各種有趣的故事，逗得海倫哈哈大笑。海倫成長中的每一個微小的進步，都會得到父親的讚美鼓勵。正是亞瑟這樣的關愛呵護，才能讓海倫無憂無慮的成長著。父親的慈愛，包容著海倫的整個生命。

海倫的母親凱蒂是一位出身名門的大家閨秀。她善良、溫和、賢慧，性格內向。嫁給亞瑟後，她任勞任怨的照顧著丈夫與孩子，還要管理工人做工，要幫著種菜和餵養家畜，要親自動手做各種火腿、肉腸、燻肉等食物，要縫製家人的衣帽鞋襪，更要經常招待丈夫帶回家中的客人……。她像一個傳統的家庭主婦一樣，默默的做著家務瑣事，為家人帶來無微不至的關愛，連安妮都非常佩服凱蒂吃苦耐勞的毅力。

凱蒂還喜歡種植各種花草，

也關愛小動物。她熱愛自然，帶給海倫很深的影響。在繁忙的家務中，偶有閒暇，她會靜靜的讀惠特曼和巴爾札克等人的文學作品，熟記後再講給孩子們聽。

海倫突然失明、失聰，帶給凱蒂巨大的痛苦和悲傷。她每天從早晨張開眼睛到晚上臨睡前，心裡都掛念著海倫。不管海倫怎樣無理取鬧，凱蒂總是伸開雙手，將她擁抱在懷裡，安撫和愛憐著。凱蒂始終支持海倫不斷向命運挑戰，鼓勵她走進求知的大門。往後的日子裡，凱蒂都盡量陪伴著女兒，並和亞瑟一起帶著海倫四處求醫問診。

當海倫學會盲文後，為了能與女兒更直接的交流，凱蒂也學會盲文。海倫離家在外求學時，就經常收到凱蒂用她那患有關節炎的手，吃力寫來的盲文信。深刻的情感，充滿在字裡行間，使

海倫不管離家有多遠、多久，都能時時刻刻感受到母親的慈愛關懷。丈夫去世後，凱蒂一人挑起養育子女的重擔。在艱苦的日子裡，凱蒂從沒向兒女埋怨疲累，等到兒女們日漸長大、成家立業後，她又繼續將滿腔的慈愛，灌注在關心孫子們的成長上。

海倫長大後，母親常聊起海倫童年的往事。母親會把生病前海倫的樣子，如數家珍的講給她聽。每一件細小的事情，對凱蒂來說，都清晰得像是昨天才發生的事。這些童年往事，令海倫對自己童年的日子充滿甜蜜幸福的回憶。

第一次世界大戰爆發後，凱蒂難過得閉口不提戰爭話題。但當她聽到俄國提出和平結束戰爭時，感動的對海倫說：「有勇氣說出戰爭是罪惡的國家是偉大的。」凱蒂如此善良正直的品德，對海

倫的人生觀有著重大的影響。

1914 年，海倫進行全美反戰巡迴演講時，母親就陪伴在她的身邊，照顧她的日常生活。有一次，海倫和母親站在舊金山的海邊，凱蒂一邊拉著海倫的手，一邊感嘆的說：「在大海面前，我忘記了過去的悲傷和鬱悶。」

1921 年，正當海倫為了募捐，在劇場工作時，突然接獲母親病逝的消息。意外的噩耗，令海倫悲痛無比，但她還是強壓抑著心中的哀痛，上臺工作，等下了臺才痛哭起來。她頓時感到失去母親的世界，變得那麼孤寂，從此以後，再也收不到母親關愛的家書了。這個為了兒女一生操勞奉獻的母親，永遠活在海倫的心裡。

海倫不僅享受著父母家人的親情之愛，也擁有許多的友情。每一次與好友們的相聚，與朋友

們的握手擁抱，都令海倫忘記盲聾啞的煩惱和鬱悶，心情立刻開朗起來。朋友們的誠摯關愛，讓海倫看到人類真、善、美的品格，也看到充滿溫暖的有情世界。

海倫從小到大，結識了很多各行各界的朋友。宗教界的布魯克斯主教是海倫的忘年之交，在海倫還是個孩子的時候就認識他了。兩人見面時，海倫常常坐在主教的膝蓋上，抓著他寬厚的大手玩。透過安妮的手譯，主教給海倫講了很多上帝和天國的故事，令海倫驚奇不已。他還跟海倫說過：「有一種無所不在的宗教，就是愛。妳用全身去愛妳的天父吧，去愛上帝的每個兒女，去愛妳認識、不認識的人們吧。雖然善義的力量有時會被邪惡的力量打敗，但請相信，最終還是善義走進天堂。進天堂的鑰匙就

在自己的心裡。」

　　布魯克斯主教對海倫的宗教信仰，有著很大的影響。雖然他從沒勉強給海倫灌輸宗教思想，但他用兩個基本的基督教思想影響海倫的一生：上帝是萬物之父，四海之內皆兄弟。這種博愛的理念，使海倫充滿著濟世的同情心，一生都奉獻在社會福利事業上。布魯克斯過世後，海倫懷念他的友情，將《聖經》細細的再讀了一遍，更加感悟到主教的高尚情操和慈悲的胸懷，堅定了自己對博愛的信仰。

　　另外一位相當關心海倫的人──電話發明者貝爾博士，也是她的忘年之交。貝爾一生的志業，除了發明創造，就是致力於聾啞人的教育。他將發明電話獲得的利益，全都用在聾啞人的教育事業上。從海倫六歲時，和父母一起去華盛頓拜訪貝爾博士開

始，到 1922 年貝爾博士離世，他們之間的友情長達幾十年。

當海倫第一次坐在貝爾的膝上玩耍時，海倫就喜歡上這個大鬍子的發明家。那次的會面，成了海倫生命中的轉捩點，開啟了海倫從黑暗走向光明、從孤獨走進溫情、從茫然無知跨入知識世界的契機。正是由於貝爾的穿針引線，安妮才能來到海倫的身邊，改變海倫的命運。安妮對海倫教育的每一個小小的成功，都受到貝爾的讚揚。

1893 年的夏天，海倫與安妮去華盛頓旅行，貝爾帶著她們參觀了世界博覽會，給海倫留下了美好的回憶。這三週的遊覽，都有貝爾陪伴在旁，透過他簡單明瞭的講解，使海倫的見識頓時開闊了起來。海倫用手輕觸著展覽品，用腦袋瓜想像著這個世界。貝爾的家人也都把海倫當成親人

看待，並熱情的接待她。每次到貝爾家拜訪，海倫覺得就像回到自己家裡一樣。貝爾時常鼓勵海倫：「世上無難事，只要妳用心去學習，就一定可以明白的。」這些發自內心的教導，深深影響海倫往後的人生觀。

海倫十一歲的時候，曾聽貝爾談起人類文明的未來——飛機將成為人們的交通工具、海底電纜的鋪設將使大西洋兩岸自由通話。這些人類的夢想，讓海倫對未來充滿無限的憧憬和期待。

貝爾不僅關心海倫的教育，也關心她的生活。他常像個父親一樣跟海倫說：「雖然妳還年輕，但也該考慮自己的婚姻問題。否則有一天，當安妮結婚成了家，妳就得一個人獨自生活了。」當海倫認為她因為不自由的身體狀況，而沒有信心尋找愛情時，貝爾更是慈愛的鼓勵著：「妳雖然不

能像身體健全的女人那樣，做好全部的家務，盡到妻子的責任，但會有真情愛妳的男人，願為妳不辭辛苦的付出一切。妳不要把對愛情的渴望鎖在心裡，勇敢些，拿出妳的自信去尋找愛情，建立一個溫暖有愛的家吧。」海倫被貝爾三番兩次的勸說感動了，於是放棄了原本終生不結婚的念頭。

1922 年 8 月，貝爾博士與世長辭。海倫在悲痛中發現，生命中最珍貴的友人與她永遠的告別了。遙望著華盛頓郊外，山坡上貝爾的長眠之處，海倫輕輕的誦起曾與貝爾一起讀過的布朗寧的詩句〈流星〉：「在雲際雷電中飛躍；在星雲交會處閃亮。」

美國著名的鋼鐵大王卡內基也是海倫親密的朋友。海倫和安妮客居紐約期間，曾應邀到卡內基的家裡作客。卡內基很敬佩海

倫堅毅的求知精神，和對福利事業獻身的志業，多次提出捐助海倫的生活和事業的意見，卻都被海倫婉言拒絕了。後來，當海倫遇到困難，終於接受了他的捐助時，這位赫赫有名的大富豪，竟然感動得寫信給海倫表達他的心情：「坦白的說，命運對我是很偏愛的。妳崇高善良的品德令世人敬仰，能給我一次這樣付出的機會，我感到幸福極了。施比受更令人幸福快樂。所以，我要真心的感謝妳。」海倫沒有想到人類的愛心如此寬闊，施予者的快樂感染了她的身心，使她在深厚的友情包圍下，更全心致力於盲聾啞人士的社會福利事業。

海倫與美國著名作家馬克·吐溫的友情，也是一段佳話。馬克·吐溫是近代美國著名的大文豪。海倫十四歲的時候，在紐約一個朋友的家裡，第一次與馬

克‧吐溫見面。從馬克‧吐溫寬
大的手掌裡，海倫感受到了如同
親情般的溫暖。那次會面之後，
海倫與馬克‧吐溫也成了忘年好
友。每當碰到不順心的事，海倫
就會寫信向馬克‧吐溫傾訴。馬
克‧吐溫正直的人品、富有同情
心的胸懷、自由平等的思想、幽
默風趣的言談，都令海倫深深的
崇拜。凡是與海倫有關的事，馬
克‧吐溫都很關心，必要時也很
樂意給予協助。因為馬克‧吐溫
在社會上很有名望，當時美國許
多知名人士，常聚在他家聽他的
演講，只要能聯絡到海倫，馬
克‧吐溫都會邀請她來參加。透
過這種方式，海倫認識了許多在
社會各界有影響力的人士。這對
海倫後來的募捐活動，有很大的
幫助。

　　在寫作上，馬克‧吐溫鼓勵
海倫大膽去想像，當他看到海倫

的作品《我所居住的世界》出版後，馬上寫信邀請她來家裡作客。馬克‧吐溫拉著海倫的手，站在落地窗前對她說：「窗外是一片銀白的世界，有山巒、有樹林、有大片的雲朵在天空飄遊……這些都是寫作的素材。」海倫和安妮在馬克‧吐溫的家裡度過了輕鬆悠閒的短暫時光。

　　馬克‧吐溫幽默的個性，常逗得海倫笑個不停。在馬克‧吐溫臥室的窗臺上，擺放著一張貴重物品的清單卡，海倫不懂為什麼擺放在這裡，馬克‧吐溫便告訴她，這是為小偷準備的。為了不讓小偷在三更半夜進來行竊時，翻找東西吵醒自己，乾脆將家中貴重物品的明細寫在卡上，讓小偷按卡找取。馬克‧吐溫用幽默來點化海倫，要她學著放寬心懷，不要有恨。即使有小偷入室，安心睡覺也是最重要的。這

種視錢財為身外之物的淡泊態度，給海倫起了很大的影響。直到海倫走完人生之旅，她的心裡始終懷念著馬克‧吐溫的友情和關愛，以及冬夜裡在馬克‧吐溫家中，聽他朗誦《夏娃日記》，大家一起流淚的時光。

海倫年輕時，曾擁有過短暫的愛情。1916年的深秋，海倫剛結束全美巡迴演講，身心俱疲的回到紐約郊區的家裡。此時，一位優秀的青年，就這樣悄悄的走進了她的心房。他，就是海倫的臨時秘書。在一個靜寂的夜晚，正當海倫在書房裡獨自沉思時，秘書敲門走了進來，他用深情的目光凝視著海倫，以柔和的指力，緩緩的在海倫的手掌上傾訴著愛戀的感情。他的真誠打動了海倫，她感覺自己的心正快速的跳動。細細回想這個新來不久的秘書，平日裡對自己無微不至的

照顧，時時感受得到他的深情。秘書與海倫幸福的談到兩個人的未來，他向海倫表示，結婚後，他要終生陪伴著海倫，為她讀書讀報，為她的寫作查資料，並照顧她的生活起居。他要照顧好海倫的一切！海倫和秘書沉浸在濃濃的愛情與幸福中。海倫真想馬上向全世界宣布：「我擁有愛情了！」但因為擔心會遭到別人的反對，兩人決定對外先保密，等時機成熟後再告訴大家。

那段日子裡，秘書每天陪伴在海倫身邊。起床後，他們會並肩去森林裡散步；下午，又一同坐在院子裡的長椅上閒聊；入睡前，秘書也會在海倫的書房裡，為她讀報或說明有關寫作資料查找的狀況。不過後來，當母親詢問她時，海倫因還沒有心理準備而否認兩人的愛情，讓這段戀情無疾而終。在往後的歲月裡，海

倫每次回想起來總是感到相當遺憾，自己為什麼沒有勇氣去承認愛情的到來呢？這一生唯一一次的戀愛，成了海倫心中永遠的痛。此後海倫終生沒有結婚，將生命完全奉獻給盲聾啞人的教育事業。

海倫‧凱勒語錄
＊上帝使我眼不能見，耳不能聽，因而也無法說話，祂是想通過這種殘缺而給世界上肢體殘弱者生命的啟示。

8

海倫的願望

　　海倫在哈佛大學讀書的時候，常常思考著將來畢業後，自己想做什麼？能做什麼？她知道，如果沒有安妮等人的關愛呵護，自己不可能會有如此的進步，所以感恩之情，一直埋藏在心底。隨著年齡的增長，視野的開闊，海倫發誓要用學到的知識，奉獻給社會，給那些需要幫助的人。只是此時還沒形成比較具體的想法。

　　早在海倫十多歲的時候，她就是個充滿同情心的女孩，很愛惜身邊的小動物。學會盲文、手語，能夠和外界交流溝通後，每個週日，海倫都會和母親一起去教堂做禮拜。當她慢慢理解牧師布教的內容後，就開始關心比自己處境還差的人們，成為一個充

滿愛心的少女。

在一個初冬的午後，母親一邊整理家人冬天的衣服，一邊感嘆的對海倫表示:「海倫，在這樣冷的冬天裡，還是有很多穿不暖的孩子們在忍受著寒冷呀!」海倫知道後，馬上跑去自己的房間，將她的厚毛衣遞給母親，「媽媽，這件是我最厚的毛衣，很暖和的。把它送到救濟中心吧，沒有毛衣的小朋友會和我一樣喜歡穿的。」海倫豐沛的同情心，受到了母親極度的讚賞。

還有一次，海倫知道了一個叫托尼的盲聾男孩的遭遇，難過得哭了。「多麼可憐呀，這個失去父母的托尼，因為沒錢付醫藥費被醫院趕出來。我要是能幫助托尼多好呀! 如果能讓托尼住到帕金斯盲人學校就好了。」於是，海倫對安妮表示:「我要寫信給安納諾斯校長，請他們收留托尼。」

安妮聽完後冷靜的對海倫說:「海倫,妳的願望和同情心都非常美好可貴,但是,要進帕金斯讀書、生活,是需要一筆錢的。學校是收費的,不是所有的盲聾啞孩子都能進去。」

安妮以為海倫會聽從勸告而放棄,沒想到海倫卻更熱切的表達自己的想法:「那我們來為托尼籌措學費吧。」於是,海倫將自己每月的零用錢全部存起來,又向家裡的每個人、朋友們,以及任何她熟悉的名人展開募捐。

這一年,海倫才十一歲。她以堅強的耐心和熱情,竟然為托尼募集到一千六百美元,讓這位無家可歸的聾啞男孩,能進入帕金斯盲人學校就讀。托尼進入帕金斯盲人學校學習後,海倫高興的寫了一封感謝信給波士頓一家報社的總編輯,信中說:「在你們報社的幫助下,終於為托尼募集

到足夠的學費，真誠的感謝你們。托尼在帕金斯盲人學校，快樂的開始了學習生活。今後，我還會熱心的關愛托尼，期待他長大後，做一個對社會有用的人。你們的小朋友——海倫。」

海倫進入哈佛後，雖然課業沉重，但只要有機會，她就會加入福利事業的義工行列，盡一己之力。大學三年級時，海倫加入了促進盲人福利的民間團體——波士頓婦女工商聯盟，與大家一起去議會請願，提議成立保護盲聾人士的特別委員會。當請願通過後，只要有時間，海倫就積極的參加各種活動，指導培養盲人自立自強的求生精神。

1904 年，海倫從哈佛大學畢業後，選擇在波士頓郊外定居。這所古舊的農舍，是慈善家史波林先生贈送給海倫和安妮的。

1905 年安妮結婚後，仍和海倫住

在這裡。在這個寧靜的森林小屋裡，海倫的寫作靈感豐富，先後出版了散文集《我所居住的世界》和詩集《石壁之歌》。

每天，當海倫寫作寫累的時候，就沿著森林小路散步到一處清澈的小河邊，坐下來思考著：「今後我還能做什麼？人生的下一個目標是什麼？」

一天早晨，海倫和安妮坐在屋外的陽臺上聊天。突然，海倫表情認真的對著安妮，「老師，我終於找到了今後的人生目標，我要從事為盲聾啞人士爭取福利的工作。身體有殘障的人的苦惱，只有他本人最清楚。如果我能盡些微薄之力，去幫助那些在痛苦深淵裡掙扎的盲聾啞人士，讓他們看到心中的光明，使他們對人生充滿希望，過自立自強的生活。這樣的工作對我來說是最幸福的人生選擇。」

　　安妮驚喜的握住海倫的手，呆呆的望著自己教導多年的學生——她被海倫發自內心的真誠告白，感動得不知用什麼樣的言語來表達此刻的心情！她只是聲音顫抖、不斷重複的說：「真好，真好的想法。」安妮一邊流淚，一邊在海倫的手上寫著：「海倫，老師自從與妳相識到今天，十幾年來和妳一起走過漫長的成長之路，經歷過各種求知的艱難困苦，就是為了聽到妳說的心裡話，就是在等待妳立下這樣的人生目標。老師快樂極了，不知道該怎樣告訴妳我的喜悅。」

　　海倫也激動的對安妮表示：「老師，我小時候是那樣的任性頑皮，缺少愛心。進大學讀書後，我主要想的也是自己的事，只想在學業上不要輸給周圍身體健康的同學，很少去想怎樣才能對別人有更多的幫助。但是，老

師，妳卻不是這樣的人。老師無私的為我付出了自己的一切。正是因為老師這種忘我的犧牲精神，我才有今天的成就。老師的人生目標，是為了幫助不幸的弱者，使這樣的人也能快樂和幸福。老師，妳就是我的人生榜樣！」

安妮滿懷感動的拉著海倫的手寫著:「謝謝妳，海倫。妳已經懂得愛的付出，更重要的是，今後妳要按照自己的人生目標走下去。不論遇到怎樣的困難，不論遭受多大的打擊，只要妳記住今天的誓言，就能戰勝一切！」海倫聽到安妮發自內心的教誨，也感動得熱淚盈眶。

大學畢業後，海倫第一份工作，就是參加波士頓地區盲聾啞人士的自立救助活動，幫助許多沒有機會讀書、在社會底層生活的殘疾人士，找到他們能做的工

作。只要有時間，海倫就不辭辛苦的參加這些社會活動。她在四處募捐、演講的同時，還替婦女報章雜誌撰稿，提出各種幫助盲聾啞人士的建議和主張。因為自己的寫作時間減少了，來自稿件的收入也時常短缺，海倫連女傭也僱不起，和安妮兩個人忙內忙外，身體時常累得吃不消。

1914年，第一次世界大戰爆發。各地的戰場，都是烽火連天。血染的屍體、焚毀的家園、荒廢的田地、逃難的人群──海倫彷彿看到了那一幕幕人類互相殘殺的景象。她在心中默默的祈禱，希望美國不要參戰。於是，海倫和安妮成了最堅定的反戰者，她們到全美各地去演講，宣傳反戰的思想。

當美國也捲入世界大戰後，海倫頓時陷入悲痛的情緒中，無力感油然而生。但是，當海倫認

知到自己的努力無法制止戰爭的發生後，她和安妮便重新振作起精神，去關心那些在戰場上受傷的士兵們。她們冒著寒風，去訪問野戰醫院，慰問那些因戰爭失去眼睛或肢體的傷兵們。

面對著這些原本健康活潑卻突然失明的年輕人，海倫不知該用什麼話來安慰他們。她握著一位頭上纏滿繃帶的士兵的手，「失去眼睛是痛苦的，但從此再也看不到人類互相殘殺，又是幸福的。」她鼓勵著傷兵們：「看不見、聽不到，也不能放棄活下去的勇氣。或許，對你們來說，今後的人生之路會更艱難，但是，你們要振作起來，跨越痛苦。你們仍可以感受到生命的歡樂和甜蜜，而且會比身體健全的人更加熱愛生命。」海倫用愛心與熱忱趕走傷兵們的孤寂，點燃他們生命的新火焰。

　　為了為這些眼盲、耳聾的傷兵籌措資金，海倫賣掉了波士頓的房子，和離了婚的安妮搬到紐約郊區的一間小房子定居。她開始幫更多雜誌寫稿，並與電影公司合作，將自己的自傳《少女時代》改編成電影，親自擔任主角。有時，為籌募資金，她也會去雜技團的劇場客串演講。雖然海倫的行為，時常被一些不瞭解的人嘲笑：「哈佛畢業生怎麼會跑去雜技團打工，不知羞恥呀！」但是，海倫絲毫不理會這些雜音，心中只考慮怎樣才能掙到錢，去幫助那些需要援助的盲聾啞人士。她不能無視桌子上那些求援信。

　　為了籌備首次世界盲人大會，海倫開始更緊湊的募捐活動。她到全美各地去演講，宣傳盲聾啞人士的困苦和需要。由於海倫不斷的努力，社會各個階層

的群眾，逐漸關心盲聾啞人士的生存環境。人們紛紛慷慨解囊，連一些小學生也將自己的零用錢捐獻出來。在大眾的熱心參與下，終於籌措到一百萬美元的大會資金。1931年，在美國紐約召開了世界盲人大會。海倫出席大會，並在會上作了題為「盲人的幸福」的演講，受到與會者一致的讚揚。

由於長期與海倫四處奔波，加上年老體衰，安妮病倒了，並於1936年病逝在療養地蘇格蘭，結束了她七十年的生命旅程。

安妮從二十歲到七十歲，漫長的五十年中，與海倫朝夕相伴，共同度過了風風雨雨的日子。她使海倫從一個頑皮任性的小女孩，變成一個了不起的偉人。海倫所有的一切，都與安妮的教育、栽培分不開。「沒有安妮，就沒有海倫！」深陷在巨痛中

的海倫，一時感到自己生命的蒼白無力，在心裡消沉的問著：「老師，妳為什麼丟下我一個人？」日後只要海倫想放棄目前從事的盲聾啞人士福利工作，她就似乎會隱約聽到安妮柔和堅強的聲音，說：「海倫，妳不要放棄自己的人生目標。那些身患疾苦不幸的人們，正在等待妳的幫助，振作起來！」

海倫沒有辜負安妮的期待，她用生命的火種，點亮盲聾啞人士的希望之路。她的足跡遍布十幾個國家，全力推廣普及盲聾啞人士教育的福利事業。其中，還有三次到過亞洲的日本和中國東北等地區。海倫所到之處，紛紛建立起殘障人士的福利機構，為眾多的盲聾啞人士帶來了生命的希望。

海倫，一個用毅力震撼世界的弱小女人，一個一生寫出十幾

部著作的盲人作家，一個將生命奉獻給社會福利事業的義工，一個被稱為 20 世紀偉人的哈佛畢業生，她美好的願望像一盞不滅的燈，照耀著人類永恆的愛心。

　　1968 年 6 月 1 日，這位創造 20 世紀奇蹟的偉人，在美國東海岸康乃狄克州的家中，慢慢停止呼吸，與世長辭，走完了她八十八年非凡的生命旅程。

海倫‧凱勒語錄 ＊我的身體雖然不自由，但我的心是自由的。讓我的心超脫我的軀體走向有愛的人世，沉浸在追求美好人生的喜悅中吧。

心中的光明

　　海倫生前非常渴望用自己的
雙眼，去欣賞色彩繽紛的大千世
界。她多少次在心中哭泣著，渴
望看到自己觸摸到的每一分美麗
和感動。黑暗使她憧憬視覺的絢
麗，聾啞使她傾慕聲音的韻律。
海倫曾在一次講演中，真誠的感
慨著:「假如上天答應送給我一件
禮物，那麼我會大聲的請求:『我
要光明!』哪怕只有僅僅三天。只
要讓我睜開雙眼，看看這個世界
三天，我情願再回到黑暗裡。」

　　海倫三天有視覺的光明日子
將會是這樣度過的:

　　第一天，海倫要看那些善良
溫和的親朋好友。第一個就是要
好好的看看安妮，是安妮為海倫
打開了心智的門鎖，開闢了通往
外在世界的道路。海倫要從安妮

的眼睛走進她的心田裡，要在那裡沐浴愛的雨露。然後，海倫要將所有的親朋好友都叫到眼前，一個個，長久的望著他們的臉，將他們的美，銘刻在心裡。她要親自去看一個初生的嬰兒，看人類最初、最純潔天真的美。還要走進自己生活的房間，看那些讀過的書和一個個喜愛的玩具。下午，海倫要去森林湖邊散步，去農莊田野閒轉，讓美麗的自然風光，成為心中最美的畫面。然後在這個夜裡，把自己沉浸在白天看到的回憶和喜悅中。

　　第二天，海倫要在黎明前醒來，看看天地的晝夜，在更鼓聲交替的剎那，看滿天朝霞裡太陽冉冉升起的壯麗。白天，她要走進博物館裡，在歷史的長廊中遊覽人類的亙古；在藝術的搜尋中感覺人類的靈魂。晚上，她要去劇院看戲，在色彩中欣賞動作的

優美，在感激中回味旋律的和諧。這天的晚上，海倫要在夢中與劇中的人物交流。

第三天，海倫仍會驚喜的等待晨曦，因為每一次太陽的升起，都是一個美麗神奇的重複。這一天，也是她擁有光明的最後一天，沒有時間去遺憾或奢望。在這一天裡，海倫最想看的是她生活的城市——紐約。看看帝國大廈及眾多的摩天樓群、中央公園的蔥鬱及第五大道的繁忙，感受人世的繁華與孤傲，寧靜與喧鬧。

子夜將近時，海倫的光明將被收回，黑暗又將開始。她沒有恐懼，沒有懊悔，沒有沮喪。因為三天有視覺的日子，她已將世界存到心中的光明裡。

朋友，假如你也只有三天光明的日子，你會怎樣用這雙眼

睛，凝視、擁抱自己生活的這個
世界呢？怎樣熱愛你身邊的親朋
好友？怎樣珍惜美好的生命呢？

海倫・凱勒

小檔案

1880 年　出生於美國南部阿拉巴馬州塔斯甘比亞鎮。

1882 年　因急性腦炎，導致眼盲耳聾。

1886 年　經齊夏姆醫師診斷，她的眼盲耳聾疾患無望醫好。同時推
薦她到盲聾啞人教育家貝爾博士那裡，因此與波士頓的帕
金斯盲聾學校取得了聯繫。

1887 年　安妮小姐來到了海倫的家裡，擔任家庭老師，海倫開始跟
安妮老師學習盲文點字。

1888 年　與安妮老師受邀至波士頓帕金斯盲聾學校 ， 進行短期訪
問。

1890 年　跟隨富勒老師學習發音。

1893 年　參觀在芝加哥舉辦的世界博覽會。

1894 年　就讀紐約萊特－赫馬森聾啞學校，學習發聲和唇讀法。

1896 年　於聾啞人教育協會的年會上，首次在數百名聽眾面前發表
演說。進入劍橋女子中學就讀，準備報考哈佛大學。

1899 年　參加入學考試，獲得哈佛大學女子學院的入學許可。

1900 年　入哈佛大學女子學院就讀。

1904 年　從哈佛大學畢業，獲文學學士學位。

1905 年　與婚後的安妮老師在波士頓定居。

1914 年　與安妮老師在全美各地做巡迴反戰演講。

1916 年　結束與祕書皮特的短暫戀情。

1921 年　母親去世。

1936 年　安妮老師病逝。

1937 年　到日本巡旅。

1943 年　參加二次大戰的傷兵救助與關愛盲人的社會活動，往後數
　　　　年也持續參加。

1946 年　代表美國海外盲人基金會巡旅各國，足跡遍及英、法、希
　　　　臘、義大利、愛爾蘭等。

1948 年　到世界各國巡旅，推廣關愛盲聾啞人的社會福利運動。

1968 年　病逝。

獻給孩子們的禮物

「世紀人物100」

訴說一百位中外人物的故事

是三民書局獻給孩子們最好的禮物！

◆ 不刻意美化、神化傳主，使「世紀人物」
  更易於親近。
◆ 嚴謹考證史實，傳遞最正確的資訊。
◆ 文字親切活潑，貼近孩子們的語言。
◆ 突破傳統的創作角度切入，讓孩子們認識
  不一樣的「世紀人物」。

兒童文學叢書

童話小天地

童話的迷人，
正是在那可以幻想也可以真實的無限空間，
從閱讀中也為心靈加上了翅膀，可以海闊天空遨遊。
這一套童話的作者不僅對兒童文學學有專精，
更關心下一代的教育，
出版與寫作的共同理想都是為了孩子，
希望能讓孩子們在愉快中學習，
在自由自在中發展出內在的潛力。

—— 簡宛（名作家暨「兒童文學叢書」主編）

丁疔郎　奇奇的磁鐵鞋　九重葛笑了　智慧市的糊塗市民
屋頂上的祕密　石頭不見了　奇妙的紫貝殼　銀毛與斑斑
　小黑兔　大野狼阿公　大海的呼喚　土撥鼠的春天
「灰姑娘」鞋店　無賴變王子　愛咪與愛米麗　細胞歷險記

在經典故事中成長

——有圖、有料、有意思

- 導讀簡明，掌握故事緣起
- 內容生動，融合古典新意
- 插圖精美，呈現具體情境
- 經典新編，富含文學性質

全系列共三十冊　敬請期待

一生不可不讀的三十本經典

三民網路書店　會員

獨享好康
大放送

書種最齊全
服務最迅速

通關密碼：A3395

憑通關密碼
登入就送100元e-coupon。
(使用方式請參閱三民網路書店之公告)

生日快樂
生日當月送購書禮金200元。
(使用方式請參閱三民網路書店之公告)

好康多多
購書享3%～6%紅利積點。
消費滿250元超商取書免運費。
電子報通知優惠及新書訊息。

超過百萬種繁、簡體書、外文書55折起　　三民網路書店 http://www.sanmin.com.tw

國家圖書館出版品預行編目資料

我要光明：海倫‧凱勒／野崎郁乃著;游弋繪.－－初
版三刷.－－臺北市：三民，2012
面；　公分.－－(兒童文學叢書／世紀人物100)

ISBN 978–957–14–4925–8　(平裝)

1.凱勒(Keller, Helen, 1880–1968) 2.傳記 3.通俗作
品

785.28　　　　　　　　　　　　　　　96021385

© 　**我要光明：海倫‧凱勒**

著 作 人　野崎郁乃
主　　編　簡　宛
繪　　者　游　弋

發 行 人　劉振強
著作財產權人　三民書局股份有限公司
發 行 所　三民書局股份有限公司
　　　　　地址　臺北市復興北路386號
　　　　　電話　(02)25006600
　　　　　郵撥帳號　0009998–5
門 市 部　(復北店)臺北市復興北路386號
　　　　　(重南店)臺北市重慶南路一段61號
出版日期　初版一刷　2008年1月
　　　　　初版三刷　2012年3月修正
編　　號　S 781600
行政院新聞局登記證局版臺業字第○二○○號

有著作權‧不准侵害

ISBN　978–957–14–4925–8　(平裝)

http://www.sanmin.com.tw　三民網路書店
※本書如有缺頁、破損或裝訂錯誤，請寄回本公司更換。